JN028234

# 感情のレスキュープラン

## 心のパワーに目覚める

# Emotional Rescue

ゾクチェン・ポンロプ・リンポチェ
Dzogchen Ponlop Rinpoche
三浦順子＝訳
Junko Miura

春秋社

エヴァとアヤに
二人の愛情たっぷりの笑顔と、
あふれ出る喜びは、
その場のすべての感情を癒してくれる

# 謝辞

当然ながら、すべてのものは相互依存によって、縁起(えんぎ)によって成立している。だから、この書物も私ひとりでは完成できなかっただろう。そこで、まず私の感情の矛先となったすべてのものに感謝の意を捧げたい。そのおかげで、私は自分の内なる感情の智慧を得ることができたからだ。枚挙にいとまないほどの多くの師匠方の、特に心の導き手であるケンポ・リンポチェの恩がなければ、惑いの中にあった私の心の智慧が本書の中で輝くことはなかっただろう。東洋の智慧の伝統にまつわる私の体験を分かち合う機会を与えてくれたのは、西洋の多くのオーガニゼーション、なかでも、ナーランダーボーディとトレジャリー・ノレッジ・リトリートである。

この内容を手紙と本という形で分かち合うことができたのも、信頼すべき友にして忍耐づよい編集者のシンディ・シェルトン、そしてシシ・ミラーを中心とする多くのコミュニティ・メンバーのたゆむことのない素晴らしい協力のおかげである。本書がこの世に現れるまで、さまざまな形で貢献し、手助けしてくださった皆々様に、心からの御礼を申し上げる。この本が多くの人にとって有益なものとなりますように。最後に、私のエージェントであるウィリアム・クラークにはそのすぐれた代理業務能力に、ターチャー・ペンギン・ランダム・ハウス社の編集ディレクターのサラ・カーダー氏には本書が出版されるまでのサポートに感謝申し上げる。

# 序文

それは美しい秋の日のことでした。ちょうど私は仏教哲学のクラスから戻って来たところでした。「苦と楽のペア」は心が創りだしたものであり、どちらも心の投影にすぎない……という論法に基づく理論に頭を一杯にしながら、自宅まで歩いて戻って来たところでした。部屋に入ってみると、以前からなにかと不仲だった伯父がそこに座っているではありませんか。伯父は私の父がブータンへの出張中に亡くなったと伝えに来てくれたのです。人生で一番大切な人であった師匠が亡くなってちょうど一年目のことでした。その瞬間に、ゆるぎなくも美しく見えていた不二（ふに）の論法や理論がふっと消滅したのです。思考のかけらもなければ智慧もない、ただただショックだったのです。そして、ゆっくりと、まぎれもない痛みが、私の身体と心の奥底に広がっていきました。この痛みたるや、痛みにまつわる私の哲学的理解、というか痛みは空（くう）であるなどという見解を完全に押し流すものでした。かくも鮮烈な感覚を伴ったこの痛みから、生涯をかけた感情の探求が始まったのです。

父は東チベットのカム地方のリタンの一族の出身でした。カムはしばしば「無法地帯（ワイルドウエスト）」とか「人影もない荒地（ノーマンズランド）」にも譬えられる地域で、その地に住む人々は「カンパ」と呼ばれています。カンパは戦士の文化を誇りにしており、チベットでは誰もが「カンパの連中とことを荒立てるんじゃない」と言っていたものです。父自身は中央西チベットで成長したものの、両親は父をカンパの少年として育てました。父はまだほんの幼い時から、戦士としてのあかしをみせていました。怖れを決して知らず、勇敢で、思いやりの心があったのです。当時父は八百年あまりの歴史をもつ宗教的組織の、尊敬おく能わざる指導者である十六世カルマパの秘書長官にまで昇りつめていました。つまりその組織の最高ランクの責任者となったのです。カンパであるがゆえに、父は戦術の愛好家として剣や銃などをせっせと収集していました。また、勇猛果敢な戦士の物語を心から愛し、私が幼い頃からよく読み聞かせてくれたものです。秘書長官というセンシティブで影響力のある仕事ゆえ、何度も命を狙われかけていたことは知っていたので、父が銃の所有許可を得ていたのも無理からぬところでした。とはいえ、そこには幼い時から浸っていた家系的な戦士文化への感傷的な価値観が第一にあったのも確かです。典型的な父と子らしく、私は父に連れられるまま山に行き、標的に向かって銃を撃つのが楽しみでした。

不思議なことに、ブータンへの出張前、私たち親子は、銃の掃除をすることになりました。父は銃を分解して組み立てる方法を教えてくれたのです。私たちは素晴らしい午後を過ごすことができました。旅立つ直前のこと、どうしたわけか、父は私にすべての銃を引き渡して、「これからはお前がこの銃の管理をしろ。ちゃんとした息子なら、しかるべき手入れはできるだろう」と言ったのです。私は「もちろんだよ」と答えました。その後に起きた父の死については、多くの疑問が投げかけられました。自然死なのか、それともなにかの陰謀に巻き込まれたのか。なにせ国際的な仏教組織の高位にいたわけですから。当時の私はたかだか十七歳、千々に乱れる思いと感情と、銃を抱えただけの親孝行の息子として取り残されたのです。不幸は続けてやってくるというとおり、その後すぐに母が病気になり、一年ほど寝たきりになってしまいました。私たち子供たちは母の面倒を見ながら、父の業務の片づけもしなければなりませんでした。この間、兄の存在とサポートのおかげで、少しは容易く片付きました。にもかかわらず、ある時、私は荒々しい感情の波に翻弄（ほんろう）されるようになり、自分が岐路に立たされていることに気づいたのです。

学生時代、クラスメートと学問に励み、修行するのはとても楽しかったです。でもそれと同時に、家族の面倒を見なくてはなりませんでした。余計な責務もなく、学業にひたすら専念できるクラスメートたちを羨（うらや）んだものです！　スケジュールとカリキュラムは困難でしたが、刺激的でもありました。最初のクラスは午前四時に始まり、時折休憩を挟みながら、夕方まで授業が続きました。先生方は素晴らしく、多くのことを私たちに要求してきました。私は真面目に勉学に励んでいましたが、そのうち目標を見失いはじめたのです。生活を維持することのストレスから、学校も退学し、精神的な探求も放棄しかねないありさまでした。それでもただ努力を重ねていたのは、ただひとつの目的があったからです。夜遅くまで自分を勉学に駆り立て、苛立ちをもたらすこの満ち足りない思いを和らげてくれるのが何かを追求したいという。

ちょうどその頃、私はひとりの仏教の師匠と出会いました。師匠は私の心の導き手となり、私の人生に最も大きな影響も及ぼした人となりました。師匠の存在と導きのおかげで、抗しがたい激しい感情や思考に対処することができるようになったのです。師匠との友情は私にすぐに大きな影響をもたらしました。師匠の導きのおかげで、私は正しい選択ができるようになったのです。

復讐心に燃える戦士の道に背を向け、慈悲の道を歩むことのできる十分な勇気を持つことができたのです。どういうわけか、私はクラスを首席で卒業できましたが、これは今なお自分にとって大きな驚きです。最終的に、自分の思考も、感情も、人生も、スピリチュアリティも、すべては私の小さな心の中で起きていることを理解できるようになりました。人生のドラマにおいて、感情がいかに大きな役割を果たしているのか理解した私は、心の中に深く入り込み、それが持つエネルギーについてすべて調べ上げ始めたのです。

自分の感情と関わっていくとき、どのようなアプローチを取るにせよ、自分の全人生と向きあい、なんらかの変化をもたらすような方法が必要でした。また自分を明確に見、触れ、日々の自分の世界を彩る感情を感じ取るようにする必要もありました。そして「今ここ」に、自らの人生の中に留まることができれば、混乱や苦しみを抱えた自分を、さらにそうした混乱や痛みを乗り越えた自分をも見出せるチャンスがあるとわかったのです。その真逆をいくのが、自らの体験に直接触れることを避け、きわめて穏やかで、一切刺激のない緩衝地帯のような世界に閉じこもってしまうことです。人間として私たちはその双方を求めています。リアルなことを、冒険を、意義あることを追い求める一方で、快適であることも求めているのです。ビーチでくつろいで、ビールでも飲みたいものだと。

本書『感情のレスキュープラン』の内容は、私自身の仏教の修行道での体験に根ざしています。その目的は感情とうまくやっていくための方法を紹介することにあり、それを実践することで、徐々に、一歩ずつ、私たちは単なる感情の犠牲者からパートナーに、さらにはこの深遠なエネルギーのクリエイティブな協力者になることができるのです。こうした方法は、仏典（ブッダの教えの体系をなす説法集）には記されていませんが、ブッダもそこに自分の教えを認めると思います（ブッダは自分の知的財産にとても寛大な方です）。

長年私が学び、そして教えてきたことのエッセンスが、そして現代世界のさまざまな信仰と文化をもつ人々や弟子たちから学びとったことが本書には凝縮されています。彼らは善良で、知性あり、思いやりの心があるというのに、苦しみ、痛みと闘っていました。残念ながらこうした痛みを解決できる汎用的な手段はありません。私たちひとりひとりが、多種多様な環境に住む唯一無二の存在です。そして誰しも、自らの苦しみと感情の痛みを克服するための一歩を踏みだす力を備えており、その過程で、真の自分を見出すことができるのです。あなたが誰であろうと、どこから出発しようと、その発見がもたらすであろう真の幸せに値する存在なのです。

私は仏教徒として生まれました。ある意味では、それ以外の何者でもないと言えましょう。私の一家は先祖代々仏教徒です。私はインドやブータンといった仏教国に住み、世に名だたる偉大なる仏教の師たちとのあまたの出会いをもち、ありがたくもその教えを受けることができました。その一方で、私は他の人と同じく、仏教の道の意義とゴールを見出すためには仏教徒になるしかなかったのです。しかし、その真義とゴールに近づけば近づくほど、どんなレッテルも、たとえば仏教徒であるというレッテルにこだわる必要はなくなるのです。そして、そのレッテルそのものも必要でなくなっていくのです。私自身、自分は感情の波乱を幸運にも生き延びた、感情の智慧によって救われた者であると称していますが、実際のところスピリチュアル・フレンドから手助けしてもらいながら、この喜びにあふれた智慧の旅にあって自らの道を探しているところなのです。

ゾクチェン・ポンロプ・リンポチェ※
シアトル、ワシントン

※原注　ゾクチェン・ポンロプ・リンポチェは、生まれたときに十六世ギャルワン・カルマパ法王からゾクチェン・ポンロプ七世として認定され、「リンポチェ」（師にして血脈の保持者である宝のごとき尊いお方）の称号を与えられた。

## 日本の読者の方々へ

人の多彩な感情に色どられた心のダンスは創造性のプロセスであり、生きた芸術作品に他なりません。私たちが味わう感情は、喜びで私たちを満たしてくれることも、自分の核となる部分に挑んでくることもありますが、人生というキャンバスにその独特の色合いを描きだしてくれるものなのです。この壮大なタペストリーを織りだすアーティストである心から流れ出した意識と感情が絡み合ったときに、人生の真の魔法が明らかにされるのです。

本書は、ブッダの教えをもとに、絶えずうつろいゆく鮮烈な心のあらわれに対する私的な考察と、実践的なメソッドを組み合わせたものです。本書はあなたの感情のランドスケープの深さと広さを探求するための招待状となるはずです。時に感情に圧倒されそうな思いを味わっても、しかるべきツールと全体を見通す力さえあれば、感情は成長と理解のための強力な触媒になりえることを本書によって理解できることでしょう。

**感情のレスキュープラン**の世界へようこそ。あなたの手にあるのは、単なる本ではなく、いにしえの智慧と現代的なメソッドの架け橋であり、ブッダの説いた教えと私自身の経験からの学びの架け橋となるものです。

**感情のレスキュープラン**は、「隙間を意識する（マインドフル・ギャップ）」、「クリア・シーイング（明晰に観る）」、「レッティング・ゴー（手放す）」という三つの基本的な概念を中心に構成されています。これらはただ理論構築された概念でも、変容の力も智慧もない代物でもなく、実践的なエクササイズという豊潤なタペストリーが添えられており、それぞれが自分の感情をより深く理解し、使いこなすよう綿密にデザインされています。

日本の読者の皆様、本書は私の個人的な旅から生み出されたものです。しかし感情体験というものは、万人に普遍的なものであることは否定できないはずです。私たちの文化的背景と生きてきた体験は異なるかもしれませんが、感じることの核心は驚くほど似ているはずです。『**感情のレスキュープラン**』のページをめくるごとに、慰めを、理解を、そしてかくも美しくも入り組んだ感情を巧みに操るためのツールを見出せることを心から願っています。

あなたの心の旅に私を参加させてくれてありがとう。

感謝をこめてゾクチェン・ポンロプ・リンポチェ

米国、ワシントン、シアトルにて

# 感情のレスキュープラン——心のパワーに目覚める　目次

# 感情のレスキュープラン——心のパワーに目覚める

# 第一部　感情に働きかける

# 第一章　自分の感情と知り合いになる

あなた自身でありなさい。他の人になろうにも、
すでに誰かがなってしまっているのだから
——オスカー・ワイルド

感情を伴わない人生とはどんなものでしょうか？　退屈でしょうか？　気の抜けた炭酸ソーダのようなものでしょうか？　きりっとした泡の刺激の抜け落ちた炭酸ソーダのような人生を、私たちは飲みほしたいとは思わないでしょう。感情は私たちの人生にエネルギーを、彩りを、多様性をもたらします。同時に私たちは多くの時間を感情に弄(もてあそ)ばれています。時にあなたを至福の高みに押し上げ、時に絶望と混乱の淵に突き落とす。私たちはその二つのあいだを揺れ動いているのです。

感情に突き動かされるままに、人は結婚したり、殺しに走ったりします（残念ながら、時に結婚相手に殺されることもあるのです！）。私たちは毎日、感情というジェットコースターに乗るために順番待ちをしているのです。いったん乗りこめば、ちょっとのあいだスリル満点の気分を味

わったかと思うと、次の瞬間に逆さまにひっくり返っている。この予測不可能な感情はいったい何なのでしょうか？　私たちはどうしてこうも感情にコントロールされるのでしょうか？　その逆のはずではなくて？

それに対する答えは質問を投げかける相手によっても違ってくるでしょう。科学者か、セラピストか、聖職者か、アーティストか、それとも日々愛憎こもごもの感情をぶつけている家族か、敵にも味方にもなりうる友達か。アジアの諺にもこうあります。「わかって服用すれば薬、乱用すれば毒。」これが私たちの感情のあり方なのです。巧みに付き合うすべを学べれば、感情は薬のようなもので、そこには素晴らしい智慧が含まれています。そうした理解が欠いているなら、感情は毒となり、大きな害と苦しみをもたらします。感情に翻弄されるのは、病気にかかるのと同じです。痛みを覚え、熱があっても、自分ではなすすべもない。病気が自然に治るのを待つか、何らかの治療を施すかです。

病気のことがわかっていれば、しかるべく治療して、苦しみを終わりにすることもできます。しかし自分でもどうしたらよいのかわからない。間違った薬でも飲もうものなら悪化するばかりです。同じように、自分の感情がどのようなものなのか、それをつき動かしているのは何であるか理解できれば、その強烈なエネルギーと折り合いをつけ、苦しみを癒すことができるはずです。

感情と正しく関わっていこうと思うなら、杓子定規な解釈を捨てる必要があります。いったいいくつの感情があるのか、それがどのような種類のものなのか、ただそれを知っているだけでは十分ではないのです。わかっているという思い込みを捨てて、怒りや情熱、嫉妬などの自分の生々しい感情体験に目を向けてみてください。何が見えるでしょうか？　自分が何を考えているのか認識できるだけでなく、その中核にある自分の感情を発見できるはずです。怒りをかかえこめば相手に反撃したくなる。欲望があれば、それを満たしたくなる。まずはそれに気づくようになります。それはほんの手始めです。本腰をいれて自分の感情を理解していくのは、実にチャレンジングなことではありますが、意欲をそそられることでもあります。自分が絶えず感情によって弄ばれていることがわかれば、そこから自分を救い出すすべを学ぼうという気も起きるものです。

感情を真に理解してそれに精通するためには、まず、感情とは何か、それがどのように機能するのかを明確に知っておく必要があります。感情は、わかりやすくも心のとても奥深いところから——自分を正しく認識できないところから、その力を引き出してきています。でも私たちはそのことを知らずにいるのです。そこで自分の感情体験に目を向けてみると、本当に素晴らしいことが起きるのです。もはや感情は私たちを惨めな思いをさせることはできなくなります。だから日々の生活において感情がどのような形で働いているか、一旦それに支配されたなら、いかに破壊的な影響をこうむるのかを知っておくことが肝心なのです。このことさえわかれば、私たちは感情から再び自立することができます。怖れ、疑い、怒り、慢心、貪り、嫉妬など、これまで私たちから多くの幸せを奪ってきた昔ながらの悪い性癖から逃れるすべが見えてくるのです。こうして人生の新たな局面へと向かうための活力を取り戻せるのです。

とはいえ私たちはずいぶん長く感情と付き合ってきました。いってみれば古い友人のようなものです。だからある日、馴染みのその顔をみかけなくなったら、懐かしささえ覚えてしまうのです。どんなに私たちを欺き、繰り返し翻弄してくるかわかっていてもです。感情はこんなことを吹き込むのです。「私の言葉をお聞き。今度こそ違うよ！　今ここで、あんたが怒りを爆発させるのは当然の権利だよ！　そうすればきっと晴れ晴れするよ。今度こそ心のうつろな部分が埋められるよ。」

## 感情のレスキューのための三つのステップ

自分の感情に痛めつけられていると感じたなら、どうしますか？　きっとそこから脱出するためのルートを探すにちがいありません。とはいえ、自分の感情というものは、火や煙のように具体的に見えるものではないので、どちらを向いたらいいのかもわからない。自分でも手をこまねいてしまうのです。「怒りが玄関の扉をガンガン叩き続けている。こうなったら裏口から逃げ出すしかない。」よくよく考えもせず、パニックになって突進すれば、飛んで火に入る夏の虫も同然です。裏庭に逃げたところで、何が待ち受けているのか知れたものではありません。自分の幸福を運任せにするのではなく、感情に不安定になった時のために、あらかじめそこからの脱出計画を立てておくといいでしょう。

本書でこれからご紹介する感情のレスキューのための三つのステップを用いれば、あなたにとって必要な新たなスキルを身につけることができます。苦痛にまみれた古い性癖を捨て、その代わりに、新しい、より喜びに満ちた自己表現ができるようになるのです。三つのステップとは、「マインドフル・ギャップ（隙間を意識する）」「クリア・シーイング（明晰に観る）」「レッティング・ゴー（手放す）」です。これは順次進めていくプログラムで、一つのステップを確実にクリアした上で次のステップに進みます。こうすることで最も手に負えない感情にも対処し、それを変容させることができるようになります。

簡単にいうと、「マインドフル・ギャップ」とは、あなたとあなたの感情の間にしかるべき安全な地帯をもうける練習です。こうすることで感情エネルギーに対応する心理的な隙間を得ることができるのです。「クリア・シーイング」とは、感情そのものとそれを取り巻く周囲のすべてを見る練習です。自分の特徴的な行動パターンも含む、より大きな全体像を見られるようにするのです。「レッティング・ゴー」とは、ストレスにさらされている身体的・感情的なエネルギーを、肉体的な運動やリラクゼーション、そして何よりも「気づき」によって解き放つことです。

それぞれのステップを学んでいくことで、自分の感情の内なる動きに次第に馴染んでいくことができるようになります。覆い隠している厚い外殻の層を通して感情の実相を見通すことができるようになるのです。結果として、自分の怒り、欲望、嫉妬、慢心の核を直接的に見ることができます。そして、無知や恐怖でさえも、見通すことができるようになるのです。

まとめると、これら三つのステップに習熟することで、感情を深いところから癒すことができるようになるのです。それぞれのステップがターニング・ポイントとなり、あなたと感情との関係に変容と進歩がもたらされます。ただ感情と諍（あらそ）うのではなく、クリエイティブな関係性を作りだせるようになるのです。時間をかけて習熟していくうちに、不安と疑いは信用と自信に変わっていきます。そして徐々に自分の感情そのものがあなたが求めている自由への入口であると気づくようになります。感情は足かせでなく、あなたのために道を切り開いてくれる存在となるのです。

とはいえ、本書はあなたが体験してきたこととは異なる何かを説くものではありません。自分の感情に自ずと反応してしまう性癖から自由になるための知識はすでにあなたの中に備わっているのです。所詮、そうした性癖はあなた自身のものなのですから。あなた以上にそれに熟知しているものなどいないでしょう? その知識を、あなたのもっている常識と洞察力を新たに活用するすべを本書によって習得できるのです。あなたを押さえこんでいるものは何か、あなたを自由へと向かわせてくれるものはなにか学ぶことができるのです。

## 「名前に何の意味があるの?」（訳註『ロミオとジュリエット』の中のジュリエットの台詞）

「感情のレスキュー・プラン（以下ERプランと省略）」について詳述する前に、まず感情（エモーション）とは何なのか、その定義を見てみましょう。まずは辞書にはどう記されているか目を通してみましょう。ここで基本的な定義を押さえたうえで、ERプランの観点から感情とはなにか考察したいと思います。辞書の定義だけですべてこと足りるなら、感情をコントロールし、心の痛みを最小限に抑えられるすべを学び取ることも可能でしょうが、超越体験を垣間見るためにはそれ以外のものも目を通しておく必要があります。オックスフォード英語辞典やFreeDictionary.comでは、感情を「心が千々に乱れたり、興奮や懸念にさらされる強烈な心理状態であり、同様の身体的な苦悩の症状を――動悸やあえぎ、時に泣いたり震えたりなどといった症状をみせるもの」と定義しています。そもそも感情（エモーション）という単語はラテン語や古フランス語に由来し、興奮する、揺り動かされる、かき乱されることを意味します。総じてこれは意識のコントロールや理性の力をこえた状態であると説明されています。

でもあなたを幸せへと誘ってくれる感情はどうでしょうか？　愛や喜びだって感情の一種ですよね。しかし、愛や喜び、慈悲心などはあなたの一日を台無しにはしません。逆に気分よく、心安らかに、明晰にしてくれます。とすると、これらをまったく同じものと見なすことはできません。でも「感情的になっている」時、たいていはよい気分ではないでしょう。ERプランの三つのステップのプランには、感情と折り合いをつけるすべが述べられています。これは、苦痛や混乱といった重荷を下ろして、それらを解放してやることを意味します。

## ここで素晴らしいニュースを

ERプランの三つのステップでは感情を二つの観点から見ます。通常の観点からすれば、感情には幸福をもたらす良いものと、絶望や苦悩をもたらす悪いものとがあります。でも最も深いレベルでは、良い感情であれ悪い感情であれ、善悪を超越したエッセンスが備わっているのです。

そうした感情が皮相的にどのように見えようが、私たちがどう判断しようが、核の部分では基本的にポジティブなものなのです。なんと素晴らしいニュースなのでしょう！　自分のことを疑い、もつれきった感情と闘っているときでさえ、本当のことをいうとあなたはＯＫなのです。

あなたの感情のエネルギーはクリエイティブな力と智慧のつきることを知らない源であり、いつでも「オン」の状態にあります。いってみればいろいろな用途に用いられる電流のようなものです。自分の感情の核心部を見通すことができれば、この力の源が見えてくるのです。感情がどうしようもなく高ぶったにしろ、なんとかそれを鎮めることができたにしろ、その引き金になった大もとのエネルギーがあるはずですよね。どんな感情にもこのエネルギーが駆け巡っているのです。良い感情であろうと、悪い感情であろうと、無関心の思いであろうともです。それは周囲の何かに刺激されて、急に湧き起こったのです。いってみれば電線に流れる電圧の急激な高まりのようなものです。わずかな高まりだけなら気が付かないけれど、強力なバーストが起きたなら酷い衝撃がもたらされます。精密機器には破壊防止のサージ防護機器（過渡的な異常高電圧や異常大電流から保護してくれる機器）をつけますよね。でも残念なことに私たちには癇癪（かんしゃく）を抑えるためのサージ防護機器は備わっていないのです。

あなたの心をかき乱すのは、内的な、きわめて個人的な事柄かもしれません。例えば、懐かしい曲によって呼び起こされた記憶などです。逆に外的なものかもしれません。パートナーが愚にもつかない冗談を――あなたはそれにうんざりしきっており、相手もそのことを重々承知しているというのにしつこく言い続けるといったような。ここで先だってこの前、本当に腹が立ったときのことを思い出してみてください。ヒート・アップして怒りが湧き上がってくる直前に、空隙があったはずです。いつもの心のおしゃべりがぴたっと止まる、思念のないはざまの瞬間があったはずです。これはただ空っぽの空間ではありません。これこそ感情の最初のひらめきであり、あなたの自然(じねん)の智慧の創造的エネルギーなのです。

あなたはきっと思うことでしょう。「それは耳当たりのよい話ではあるけど、少なくとも自分には当てはまらない。そもそも自分はクリエイティブなタイプなんかじゃないのだから。」しかし、あなたはいつだって創造しているのです。自分をとりまく世界を創造しているのです。何かを選択し、関係を構築し、自分の住む空間をアレンジしているのです。自分のゴールを、仕事を、遊び方を思い描き、自分が望む世界を構想しているのです。電気の力を少し借りれば、夜を昼に変えることができる。冷え冷えしたアパートも心地よい家庭に変えることもできる。それと同じように感情はあなたの世界を輝かせることも、暖かくすることも、活力と遊び心みなぎるエネルギーであなたを目覚めさせることもできるのです。逆に迷っているときにはしかるべき人生の方向を指し示してくれたり、インスピレーションを与えてくれたりするはずです。

## 「あっ！」と思ったその瞬間をとらえる

トラブルを引き起こすのは感情そのものではありません。いかなる感情であれ、歓迎すべきポジティブなエネルギーをもたらすことも、どんよりした絶望的な気分をもたらすこともあるのです。それは突き上げてくるエネルギーとあなたがどう関わっていくか、どう反応するかにかかっているのです。結果はどちらにもころびえるのです。

感情の最初のきらめきが基本的な創造のエネルギーだというなら、なにがそれを台無しにしてしまうのか、いぶかしく思うにちがいありません。実際のところ、用心していないと、いろいろなことによって台無しにされてしまうのです。

気持ちの良い日に、パートナーとともに散歩に出かけたとしましょう。ただぶらぶらしていただけなのに、急に石につまずき、バランスを崩してしまった。突然の出来事に、一瞬、頭の中が真っ白になります。と、次の瞬間さまざまな考えが押し寄せてきます。「えっ、なんだ、これは？　誰がこの石を置いたんだ？　危うく怪我をするところだった。」

この時点で、あなたには選択肢があります。事態を笑いとばすこともできるし、激昂して責めを負うべき誰かを、あるいは何かを――公園管理局や市議会、あなたがつまずいたことに気づきもせず歩き続けているパートナーや石そのものの責任を追求することもできます。あるいは次にやってきた人がつまずかないように、かがんで道から石を取り除くこともできます。以上のことがらを順次速やかにやってのけることだって可能です。でもそれは考え抜かれた、きっちりとしたプロセスではありません。

動揺している自分を観察してみるとわかることですが、私たちはいつも自分の外に原因を求めてしまいます。非難の矛先をパートナーや隣人、割りこんできた自動車の運転手などに向けるのです。でもそんなことをするたびに、他人を糾弾する癖がつき、さらなるトラブルを引き起こします。配偶者とのあいだにちょっとでも意見の相違があると苛立つ癖があるなら、喧嘩のパターンに入り込むことでしょう。せっかくお気に入りのレストランで特別な夜を過ごすつもりになって出かけても、結局はぶちこわしになってしまう。でもそんなことをする必要などないのです。

記念日のディナーをぶちこわしにしたり、友人関係をダメにする前に、精神的につまずいてバランスを崩した瞬間を認識するようにしてください。びっくりして言葉も出ない、「あっ！」となる瞬間がありますよね。一瞬、自分の体験を説明しようにも思考も概念も出てこない。にもかかわらず、そこには心の高鳴りが、ソーダの炭酸のような、電線を流れる強烈な電圧サージのようなものがある。意識は明晰なままだが、なにが起きているか心が話しかけてこないので、それに気をとられることもない。まず、この「あっ！」という瞬間を観察してみてください。そしてその次の瞬間、すべての習慣的な反応が始まる様子を見るのです。

怒りにとらわれてしまうと、とげとげしい憤りの思いが生じるたびに、それが新たな怒りのエネルギーを呼び寄せ、よりネガティブに、より他人を指弾しがちになります。私たちはその場で自分にとっての真実を作り上げてしまうのです。それは毎晩のニュースのように筋の通った物語です。自分で真実味のある話を考え出してしまうのです。「ごめんなさい、ちょっと動揺しているんです、こんなことが私にふりかかったもんで」そう考えることを許してしまうと、心は空回りし始めます。自分でも何をやっているのかわからなくなり、もともとの出来事も忘れて、自分の反応にくりかえし反応するはめになるのです。そもそも今この瞬間からあまりにもかけ離れてしまった問題を整理したり、解決したりすることはできないものです。いってみれば伝言ゲームによって延々と伝えられてきたメッセージを読み解くようなものです。メッセージの意味は明確か？　何かつけ加えられているか？　何かが抜け落ちてないか？

動揺するままに、片方に罪をなすりつけ、もう片方（特に自分）に罪はないと言い張ることに夢中になっていると、このプロセスがどのような作用をもたらすのか見落としてしまいます。手に負えなくなる前にこのプロセスの展開をとらえることができれば、自分の心をよりポジティブな方向に向けることができます。たとえ、その流れに押し流されてしまったとしても、自分の考えをより建設的に、楽観的なものへと変えることができます。逆にこのプロセスをとらえることができなければ、被害者意識に陥り、「なんでこんな目にあうのだろう」といぶかり始めるのです。

ここで、今のこの状態から目覚めて自らの人生と向きあっていこうと決意することもできますし、目をつぶったままで、うまく通り過ごすことさえできればいいと思っていることもできます。好むと好まざると、それはあなたの選択です。どちらを選んでもあなたの感情と思考は生みだされ続けます。感情は無視され続けると暴走します。なおも気づかずにいると、こうした感情に人生をコントロールされるようになり、正気だって奪われかねません。感情への理解が深まれば、それが何時間も、何日も、何年も続いていくような、確固とした、ゆるぎないものではないことがわかります。いってみれば感情とは数秒の呼吸のようなものです。来ては去り、生じては消える。ちょっと試してみれば、そのうつろいを実際に見ることができるはずです。

例えばこんなケースです。ある日あなたは昔の彼女や彼氏のことを想いだしていました。自分にとってまさにぴったりの相手だったのに、もういない。彼／彼女はあなたの漫画のコレクションを全部持って出て行ってしまった。なんて悲しいことなのだろう。なにをしても元気が出ない。iPodで音楽を聴いてみる。テレビをちょっと見てみる。でも、やっぱり落ち込んだままだ。こんな状態に陥ったままで何時間も過ぎていく。そこでようやく立ち上がって散歩に出かけることにした。ご近所のコーヒーショップに向かう途中で、どこもかしこも明るく色づいていることに気づく。あちこちで春の花がほころび始めている。背中には太陽のぬくもりが感じられる。誰かが手を振ってくれ、心地よいそよ風が吹いてくる。コーヒーショップに着く頃にはあなたの顔には笑顔が浮かんでいます。まるで別世界に移動したかのようです。

そういうものなのです。あなたは自分が出口のない苦悩のなかに凍り付いてしまったと思い込んでいる。理屈や経験でもっていくら自分を諭そうとも、そう感じられるのだからどうしようもない。「これじゃ、いつまでたってもましな気分になることはないだろうな。この心の痛み（あるいは嫉妬、失恋、恨み、その他何であれ）から逃れることはできまい」と思ってしまうのです。しかし、悲しみの裏には幸せと楽しみが、怒りの裏には心の安らぎと優しさがあるのです。すべての感情には裏と表があり、一方の顔が現れているときは、見えざるもう一方の顔がすぐそこにあるのです。喜怒哀楽どんな感情であれ、ひとつの顔が現れているときには、その裏に逆の顔が潜んでいるのです。

喜びも悲しみも怒りも平静さもすべて同じクリエイティブなエネルギーの流れから出てきたものです。このエネルギーは滞ることも凍り付くことも決してありません。もちろん、それがどこかにひっかかって痛みを引き起こすこともありますが、結果的には過ぎ去っていくのです。ちょっとのあいだ、大好きな曲も楽しめないほど落ち込んでいたのに、その数時間後には新鮮なコーヒーの香りを楽しみながら友人に笑顔で手を振っている。世界を全体像として見渡せるようになり、こう思うのです。「うん、大丈夫だ。人生は悪いもんじゃない。」

## DIYレスキューノート――自分でやってみましょう

感情に対処するための効果的なプランを持っていなければ、それによって引き起こされた苦痛から完全に自由になるすべを知ることすら難しいでしょう。時に不動の精神をもって、あるいは失職や結婚の破綻など好ましからざる結果を怖れて、怒りを抑え込むこともできるかもしれません。逆に一晩中激昂していたため、次の日にも怒りが持続しているケースだってしばしば見受けられます。そうなると、怒りを冷ますために最初からやりなおさなければなりません。

感情的になっている自分を救うには、知識が必要です。このような感情のエネルギーはいってみれば近所にいるいじめっ子のようなもので、あなたに辛くあたります。まずはこれについてできる限り学ぼうと決意するのです。少しトレーニングすれば、怒りや嫉妬や熱情をより明確にとらえ、それに対処し、徐々に変容させるために必要なステップを学ぶことができます。それによって感情の支配下から逃れられるだけでなく、いつの日か、感情のもつ純粋な活力の真価を認め、それを愉しむことすらできるようになるかもしれません。本書の主眼はここにあります。

感情というパワフルなエネルギーに立ち向かい、身についてしまった破壊的で好ましからざる習慣から自由になるためには、あきらめずに今の状況をなんとか打破しようという強い覚悟が必要です。そのためには日々自分の心と向きあわなくてはなりません。時には進んで不快な思いに立ち向かうことも必要です。こんなことは耐えられない、優しい気持になどとてもなれないと感じても、そのような覚悟さえあれば、正しい道を進んでいくことができます。練習を重ねるうちに、失敗と思えるような出来事が起きても、自分の感情がもつシンプルで清浄なエネルギーを思い出すよすがとなってくれます。それをただ思い出すだけで、一瞬のうちにあなたはその気づきのなかに入っていけるのです。

ここであなたは自分の感情の真の姿を見つめ直すことになります。そこでこうした感情に対する自分の態度について考えてみてください。自分自身の抱いている感情をどう感じていますか？　自分の感情が嫌いですか？　それとも好きですか？　あなたは怒りや悲しみや貪りといった感情をどう扱っていますか？　これがわかれば、感情とどのように向き合えばよいのか、理解を深めることができるはずです。そこで本書に描かれたＥＲプランの三つのステップを活用して、その場その場で感情と折り合いをつけてみてください。

## ◎まずは自分に問いかけてみましょう……

## はたしてここから脱出したいのだろうか？

時に厄介で、時に退屈かもしれない長期のプロジェクトに取り組む前に、自分自身に問いかけてみましょう。「どうしてこれをやってみたいんだ？」「どのくらい本気をだしてこのプロセスに関わるつもりか？」これに対する答えが明確でなければ成功は望めません。強い決意というものが求められるのです。

ＥＲプランの三つのステップを学び、実践するにあたって、それを行うしかるべき理由が自分にもわかっていないなら、次回なにか困った状況に追い込まれたときにモチベーションが上がらず、あっさりとあきらめてしまい、またしても感情に振り回されるはめになります。真の目的意識が必要なのです。たまさか自分の感情に注意を向けるだけなら、あなたが求めている感情からの解放などどうして体験できるでしょうか？　あげくのはてにこのプロジェクトが何の効果ももたらさず、なんらすっきりした気分になれなかったことにいぶかり、この方法はあきらめて別のことを試してみようかなどと思い始めるのです。

このセクションの最後に、みなさんに書いてもらいたいことが記されています。それによってあなたの動機を明確にしてください。そもそもどうしてマインドフルネスのエクササイズを始めるのでしょうか？　またこれによって、「マインドフル・ギャップ（隙間を意識する)」「クリア・シーイング(明晰に観る)」「レッティング・ゴー(手放す)」というゴールにいたるための三つのステップと個人的なつながりを持つこともできるようになります。

始める前に、「意識して書く」ためのガイドラインを読んでみてください。これを読んでおけば、以下にあげたエクササイズの質問について考え、答えるときに役に立つはずです。

「意識して書く」

書くことは感情と折り合いをつけるための重要な要素となります。以下に述べる多くのエクササイズは書いて自省する形をとるのがおすすめです。それを実践している間、紙面であれデジタルなものであれ、記録を残しておくのがよいでしょう。心の中の激した感情に直面していたり、困難な状況に追い込まれていたなら、「マインドフル・ギャップ」の実践の時とおなじく、意識して書くことは特に役立つはずです。意識して書くと、思考のプロセスがゆったりします。書くあるいはタイプするという肉体的な行為だけに、指でもって単語の流れを生み出す行為にだけに意識を向けていると、ただ速く書くことしかできません。意識して書くことで感情のエネルギーの勢いを削ぎ、今なにが起きているか把握するためのゆとりができてきます。このように書くという行為は「マインドフル・ギャップ」のエクササイズの一形態なのです。

始めてみましょう

## 「書く」エクササイズのための一般ガイドライン

・各エクササイズを行うさいの参考時間が本書に記されています。それよりたくさん時間をかけてもよいし、短めでもかまいませんが、始める前にどのくらい時間をかけるか決めておきます。

・書いているときには、ペンと紙もしくはキーボードに触れる手の感覚に、文字が紙面やスクリーンに現れるときの身体の動きに注意を払ってみてください。

・文字が現れ、目の前で書かれた言葉になっていくときの自分の思考や感情に注意を払います。

・書くのをやめて、いろいろ考えるのはやめましょう。次に何を記すべきかわからなくても書き続けるのです。

・よくわからなくなってきたなら、「なんと言ったらよいのかわからない」といった類のことを記してください。

・最後にはこうした文章を何度か書くはめになるかもしれません。あるいは、自分の気づいた身体感覚をメモすることもできます。首は凝ってはいませんか？　喉が渇いたり、疲れてはいませんか？　あるいは、自分が投げかけた質問やトピックを書きなおしてもかまいません。

・しばらく書いたら、一息ついて心を休めましょう。

・すぐでなくてもいいですから、ある時点で自分の書いたものを読み返してみましょう。

・提案…書き記したノートなり記録なりを少なくとも一年間は保存しておきましょう。

このようにただ書きつらねていると、「完璧」を求める口うるさい内なる批評家がしゃしゃり出てくることはありません。書いているとき、何が生じても判断ぬきでただ受け入れる。はっきりと意識しながら編集せずに書きしるしてみましょう。

このガイドラインに従ってやっていくことで、本書の各所に記されたエクササイズの質問にあなたがどう反応したか見てみてください。「注意深く意識して行う」という原則は、一人であれグループであれ、言葉や身体の行動も含む、どのような形のエクササイズにも使うことができます。日記をつけるといっても文章の形である必要はありません。あなたが体験して得たことをなんらかの形で、たとえば絵や写真などで記録してもいいのです。

何を得たいと願っているのか?

以下の質問についてざっと考えてみてください。この中からひとつ選び、五分か十分かけて答えを書いてみてください。

・自分の感情生活のなかで最も変革したいのはどの部分か？
・それを変革することが大切なのは何故か？　それをそれほど急いでいるのは何故か？
・「マインドフル・ギャップ（隙間を意識する）」「クリア・シーイング（明晰に観る）」「レッティング・ゴー（手放す）」のテクニックを学ぶことで何を得られることを期待しているか？
・もし願いが叶うとするなら、その願いとは何か？（想像してみてください。なにがあなたの本当の望みですか？）

できる限り具体的に答えてください。「幸せになりたい」とか「もっと素晴らしい人間になりたい」といった月並みな回答は避けて、より深く掘り下げてみてください。一般的な回答から始めて、思いついたらさらに詳細を書き加えるのです。さらに、他人の生活をどうすれば改善できるかを考えるのでなく、自分のことから、自分個人の目的をどうするかから始めてみましょう（それについてはすぐ後に述べていきます）。

# 第二章　マインドフルネスは鍵となる

人は心がまえを変えることで、人生を変えることができる
——ウィリアム・ジェイムズ

離陸中の飛行機に身を置いたことがあるなら、客室乗務員が非常口のお知らせをしている様子を見たことがあるはずです。機内の照明が落ちても、非常口のサインはついたままです。通路を示すライトも同様です。トラブルが発生したときに備え、誰もが安全なうちに速やかに最も手近な出口に辿(たど)りつけるよう、よく考えられたプランが準備されているのです。

それと同じように、荒ぶる感情にでくわしても、それに対処できる明解なプランが用意されていれば、何もパニックに陥る必要はないわけです。痛ましい状況から抜け出すすべを知っているわけですから。逆に何のプランも準備していなければ、何もわからぬまま、昂(たかぶ)る感情と対峙するはめになります。頭は真っ白、飛び上がって逃げ出すしかありません。そんなことをしていたら、たちどころにさらに多くのトラブルに巻き込まれることでしょう。

ＥＲプランの三つのステップとは、感情的な危機を乗り越えることを意図したプランです。こ

れは日常生活の中で周りの人々と衝突したせいで被った些細な精神的ダメージを癒すのにも役立ちます。つまるところ、あなたがぶつかっていた相手はあなたと同様に苦しみを避けたい、それを乗り越えたいと願っていたわけですから。このプランと関わり、実際に自分で試してみれば、これが信頼に値するものだとわかり、熟達していくことができます。しばらくすれば、本能的に何をすべきかわかるようになるでしょう。どうすればてっとりばやくトラブルから逃れることができるのか見ぬくことができ、ただそれを実行すればいいのです。あなたは落ち着き、リラックスできるようになります。

ERプランを実践するには、まずその基本的な考えにある程度馴染んでおくことです。そうすれば、より容易く、より安全に、より多くの効果をあげられるはずです。どんなトピックを学ぶのであれ、細かな点に立ち入る前にまずは基本をしっかり学んでおくべきですよね。飛行機を単独で飛ばすことを学びたいなら、まずは飛行機のすべての部品について、またその機能を学ぶところから始めなくてはなりません。こうすることでいざ自分のセスナで飛び立つときには、飛行機がどうやって動くのか、どうすれば最大限の能力を引き出せるのか、その枠組みを十分理解できているはずです。それと同じように荒ぶる感情の波に対処するには、前もってマインドフルネスの備えがあれば助けになるはずです。

何故、マインドフルネスが重要なのでしょうか？　仕事で一日中嫌な思いをして、憤りを抱えたまま家に帰ってくる。そこでERプランの第一のステップ「マインドフル・ギャップ」を実践してみようとするわけですが、その前にまずマインドフルネスとは何か知っておくべきですよね。

マインドフルネスがどう役に立つか、身につける価値のあるものか知っておきたいところです。まずは強い感情体験に対して自分がいつもどのような態度を取っているのか、そこに意識を向けるところから始めてください。自分の態度が自分の反応にどのような影響を与えているのか、強い感情や痛みを伴う複雑な出来事に対処しようとしたとき、どんな習慣的な性癖がでてくるか気づくことで、マインドフルネスを拡大することができるのです。

## 自らの心の安らぎを守る

マインドフルネスとは意識を向けることを意味します。それは、自分の感情と巧みに付き合い、心の安らぎを守るための鍵でもあります。また、マインドフルネスとは、「思い出す」という意味でもあります。どんなに素晴らしい計画であっても、それを覚えていられなければ意味がありません。マインドフルネスはそれひとつだけでも実践できるユニークなスキルですが、ＥＲプランの三つのステップ「マインドフル・ギャップ」「クリアー・シーイング」「レッティング・ゴー」の肝心かなめの要素でもあります。

ではどのようにして意識を向ければいいのでしょうか？　具体的に何に意識を向ければいいのでしょうか？　ただ単に、自分が今ここにいるこの瞬間に気づけばいいのです。そうすれば過去と未来の瞬間のはざまに自然な隙間（ギャップ）が、清新で何もないひろがりが感じ取れるはずです。「今ここ」にあることで、思考や感情が浮かんでは消えていくのを、また自分をとりまく世界の色や音、香りなどに気づくはずです。

どこにいても、この「意識してある（マインドフル）」状態を保つことはできます。公園を歩いている時も、ショッピング・モールで買い物している時も、自分の家族のために料理している時も、テレビを見ている時も、ひとりでいる時も、集団の中にいる時も、悲しい時もうれしい時も、ルームメイトと喧嘩している時も、昔馴染みと笑っている時もです。思考や感情がある時なら――まあ、いつでも十分にあると思いますが――「意識してある」ことができるのです。

いったん慣れてしまえば、「意識してある」ことはさほど難しくはありません。徐々に習慣化していけば、「意識してない」（失念する、ぼんやりする）状態から、「意識してある」状態に置き換わっていきます。最初のうちは、マインドフルネス・プラクティスという名前でも知られる自分の心を訓練するためのシンプルな方法に馴染むため、少しだけ時間を割（さ）くといいでしょう。

### ◎マインドフルネスの短いプラクティス

時間　まずは五分か十分くらいから始めましょう。お望みならもっと長めにしてもかまいません。

### マインドフルネスを行う際の姿勢

マインドフルネスのプラクティスを行うにあたっては、まず座り心地のいいところを探してください。椅子に座るのでもいいし、床にしっかりした座布団を敷いて座ってもいいです。大切なのはリラックスしつつも、背筋はまっすぐに、肩はひくことです。椅子に座っているなら両足はまっすぐ床につけ、座布団に座っているならゆったりと胡坐(あぐら)をかいてください。両手は膝に、視線は自分の目の前、やや下の方に向けてください。

### マインドフルな呼吸

いったんゆったりと座ることができたなら、深呼吸してみてください。呼吸に意識を向けます。息を吐き出す時にはそれに軽く意識を集中させ、吸い込むときにはただリラックスします。すると呼吸そのものを、その動きを感じているという感覚が起きます。リラックスしているときに、今この瞬間を、「今ここ」を認識し始めるのです。

### 思考・感覚・感情に意識を向ける

思考が湧き上がってきても、それを追いかけないでください。またそれを押し留めないでください。その瞬間、その思考があるということを認識し、ただ消えるにまかせてください。そしてまた意識を呼吸に向けます。同じように、からだの感覚(膝(ひざ)の痛みとか)や、感情(びくっと怯(おび)えたり、一瞬怒りを覚えたり)が立ちのぼってくるのを認識してみてください。

そこにそれがあることをとらえ、リラックスし、消えていくのにまかせ、呼吸に戻ります。

セッションを終えて

数分間、マインドフルネスを実践するというのはどういうものなのかわかりましたよね。通常の心の状態に戻ったあとも、時折短い休息をとって、思考の動きや呼吸の動きに意識を向けることを思い出してみてください。一日の中でちょっとした暇ができたら、ミニ・マインドフルネス・セッションを行うことができます。（本書の第二部にマインドフルネス瞑想にまつわる詳しい説明があります。）

マインドフルネスとは、注意を怠らないための手段です。心の扉から入ってこようとするものに注意を払う方法です。扉をノックしたり、ドアベルを鳴らして入ってこようとする思考や感情に注意を払い続けるのです。警戒を怠らず、注意深くあるかぎり、誰を入れるか、どれくらい滞在させるか自分で決めることができます。たとえターミネーターやドクター・ドゥーム（訳注　マーベル・コミックスの悪役キャラ）が迷い込んできても、相手のストーリー展開にはまって、意のままに操られるようなことがないようにしてください。相手がよからぬことをしたり、長居するようだったら、すぐに自分の心から離れるよう、出て行くよう命じることを忘れないように。うまくやれているかどうか悩む必要はありません。要はこのプラクティスにすべての意識を向けることができさえすればよいのです。自分の身体感覚に、呼吸に、考えや感情の流れに意識を向けることで、今この瞬間に気づくのです。自分が押し流されてしまったことに気づいたなら、自分を取り戻してください。この時、二つのものが動いています。ひとつは自分が今ここにあることへの気づき、もうひとつは自分が今ここにあることをやめてしまったことを感知してそこから引き戻してくれるマインドフルネスです。

マインドフルネスは、正確かつ明晰（めいせき）な注意力を生み出します。自分が何を考え、何を見、何を聞き、何を感じているか明晰にできるのです。「今ここ」にあって、何かを見ているなら、自分に何が起きているのかを正確にわかっているのです。今この瞬間の心のありかたはどうなのか、それがどのようなおきまりの思考のパターンなのか見て取れるのです。自分が何をしているのかわかるので、選択肢があることがわかるのです。人生は何も決まっているわけではないのです。無い金を使うことはないさ。新しいスポーツカーならただウィンドウ・ショッピングすれば十分だ、と。

怒り、貪（むさぼ）り、嫉妬（しっと）、嫉（ねた）みといった感情に自分がどのように習慣的に反応しているのか。それはあなたがそういった感情をどのようにとらえているかによりますが、そのことを知るためにもマインドフルネスは役立ちます。こういった類のことを考えることはあまりないでしょうが、自分がこうした感情をどうとらえ、どう判断しているのか自覚することはずいぶん役に立つはずです。

## 三つの態度——ネガティブ、ポジティブ、中立

ＥＲプランの三つのステップでは、自分が感情に対して抱く三つの基本的態度に注目します。その三つとはネガティブ、ポジティブ、そのどちらでもない偏りのない中立のものです。これまでの感情体験から、私たちはこれら三つの態度のいずれかを取りがちです。会うたびにこちらの顔に平手打ちをくらわせ、侮辱してくる輩と、褒めて冗談を言ってくれる相手では、当然こちらの受け止め方は違うでしょう。平手打ちしてくるような輩が目の前に来たら、相手がなにかしかけてくる前にまず後ずさりするはずです。こちらだって察しはついてるのです。もっと愉快で親切な相手と会えるならば、こちらも心がうきうきするというのに。しかし別のレベルにおいては、いかなるタイプの感情であっても——それがいかにややこしくも面倒なものであっても、偏見や余計な期待ぬきで会うことができるのです。それができれば、瞬時瞬時ものごとをはっきり見極め、賢くふるまうこともできるはずです。ＥＲプランの各ステップ「マインドフル・ギャップ（隙間を意識する）」「クリア・シーイング（明晰に観る）」「レッティング・ゴー（手放す）」は、これら三つの態度（ネガティブ、ポジティブ、中立）のいずれかに関連付けられています。それぞれのステップには解放への「脱出口」が——マインドフルネスを実践することで、これまですっかり習慣づいてしまった反応とそれがひきおこす苦痛にみちた結末から、自分を解き放ってくれるであろう方法が示されています。第一ステップ、第二ステップ、第三ステップと進んでいくうち

に、あなたの態度は進歩し、感情を扱うスキルも上がっていきます。時間をかけてこのプロセスを完全に全うした時には、感情とは善悪の対立を超えたクリエイティブなエネルギーであると認識できるようになっているでしょう。

自らの基本的態度がどんなものか知るために、なんらかの感情が湧きあがってきたときに、自分が本能的にどのように反応しているか観察してみてください。繰り返し観察するうちに、おそらくあなたは驚くにちがいありません。怒りは苦手ですか？　愛情を示されたらどう反応しますか？　誰かが怒鳴ってきたり、泣かれたりしたらどうしますか？　自分の感情を人だと思ってみてください。あなたは彼らを家に招き入れたいと思いますか？　その話に耳をかたむけてみたいですか？　それとも追い出したいですか？

感情を**ネガティブ**なものととらえてしまうなら、そこになんら長所を見出すことはできません。感情はたちの悪い連れであり、あなたに痛みを与え、動揺させ、狂わせ、消耗させます。計画をだいなしにして、ストレスで一杯にします。体調を崩させることすらあるのです。深刻なケースともなると、感情の自家中毒になって死んでしまう、あるいは死にたくなることすらあるのです（「彼／彼女を手にいれられないなら、崖から飛び降りたほうがましだ」身に覚えがありませんか？）。

実際のところ、あなたは感情を自分の幸せの敵であるとみなしているのです。いってみれば常に侵入してきて、心の安らぎと正気を奪い、たばかる泥棒のようなものです。この観点からすると、あなたにとって感情とは、たちの悪い厄介物であり、毎日捨てているゴミも同然の代物となります。これはＥＲプランを始めたばかりの人に顕著に見受けられる態度です。そしてこれは主に最初のステップである「マインドフル・ギャップ（隙間を意識する）」にリンクしています。

感情を**ポジティブ**にとらえられれば、そこに何らかの長所を認めることができるようになります。感情は時にあなたを傷つけはしますが、痛みを伴う教訓を正直に伝えてくれます。感情とは単に健康や幸福を損なう代物ではなく、自分の心理的、精神的進歩のために欠かすことのできないものとわかるようになるのです。実際のところ、感情によって試され、それに対処しようと努力してきたために、あなたはずっとよい、強い人間になることができたのです。感情は友人のようにあなたを支えてくれます。薬のように癒しの力をもっています。また感情は打ち捨てられたゴミのようなものです。こうしたゴミのなかにはありとあらゆる面白いものが含まれており、リサイクルして有益で美しいものに作り変えることができます。しばらくのあいだ自分の感情と付き合ってみて、より大きな文脈から感情を見ることができるようになれば、自ずとこうした楽観的な態度が培（つちか）われるようになります。これは主にERプランの第二のステップ「クリア・シーイング（明晰に観る）」に関連しています。

感情のネガティブな面、ポジティブな面を十分に理解できたなら、そこに第三の視点もあるとわかるはずです。感情をただ克服すべきものだとか、不合理なものだとか見なす代わりに、その全体を**偏りなく**見るのです。どんな感情であれすべては同じ源から、――ふつふつと湧き上がる、尽きることのない心のクリエイティブなエネルギーから自ずと生まれていることを認識してください。これこそこれまで語ってきた感情の自然なありかたなのです。怒り、嫉妬、情熱、欲望、それらすべてが入り混じったものであれなんであれ、同じことです。このあるがままの本源の力は、とても明晰で見識ある智慧そのものです。それは、私たちの凡庸（ぼんよう）な、常に自分に都合よく話を作り変えてしまう感情的な心とは異なり、ものごとの真のありようを見てとることができるのです。こうした超越的な態度こそがプロセスの頂点となります。これは主に第三のステップ「レッティング・ゴー（手放す）」に関連付けられます。こうした考え方を持てるようになると、もはや感情に惑わされたり、目をくらまされたりすることはありません。感情のエネルギーによって引っ掻き回されるどころかその逆、より広く、より思いやりをもって、落ち着いてどんな事態にも対処できるようになります。

## 三つの脱出口——一 拒絶、二 リサイクル、三 認識

感情を爆発させてしまったなら目指すべき三つの「脱出口（エクジット）」があります。これは痛みに満ちた習慣的パターンから逃れる方法です。この脱出口とは 一 拒絶、二 リサイクル、三 認識です。辞書によると「エクジット」とは、扉やゲートのような外に出るための通路を意味します。またエクジットはその場から離れる、やめる、立ち去ることも意味します。芝居では役者は舞台から退場（エクジット）して、演技から離れます。では、あなたが恨みや苦悩や自己憐憫（れんびん）にとらわれたとき、どうやってそこから脱出することができるのでしょうか？ ERプランの三つのステップとは、本当に必要なときにこうした脱出口に到達するための現実的な戦略でありゲーム・プランです。脱出口（エクジット）は、知識とスキル、経験のレベルを反映しています。

いってみればとてもリアルなビデオ・ゲームで遊んでいて、ひとつのレベルから次のレベルに上がる通路のようなものです。ゲーム中のあるレベルをクリアすると、急に新たなレベルに入ることができ、そこでは新たなチャレンジの数々が待ち受けている。どこかのレベルをスキップしてもゲームの終着点にいたることはできないのです。それと同じように感情のクリエイティブなエネルギーを究極的なありかたで体験するには、ゼロから始めて、理解とスキルを次第に高めていくしかないのです。この三つの「脱出口」を理解したなら、次章で述べるＥＲプランの特別のメソッドに入る準備ができるのです。そうすれば感情の嵐が逆巻(さかま)いているときでも、自分を救い出せるでしょう。

## 脱出口一　拒絶

自分の抱いている感情をネガティブなものと見なすなら、最初の反応はおそらく「拒絶」でしょう。不快なエネルギーからなんとか逃れようとするわけです。そうした感情をつっぱね、踏みにじり、埋めようとします。つまり、なんら関わりを持たずにすむよう、できるかぎり封印するのです。まったくもって衝動的な行為ではありますが、一時の脱出口としては機能するでしょう。でもそれが真の脱出口になることはありません。というのもそうした感情はまた戻ってくるものであり、真の意味で自由になることはないからです。あなたは次のレベルには至っていないのです……今のところは。

ＥＲプランの第一段階では、感情を厄介(やっかい)極まるトラブルメーカーと判断したら、まずは第一の脱出口「拒絶」を用います。トラブルをもたらす感情のエネルギーを注意深く押しとどめるのです。これによって辛い感情から安全な距離を置き、それに押しつぶされることはなくなります。同時に注意深い対応によって、痛みの治療をするための隙間を確保できるようにします。それはゲームの次のレベルへと続く扉を開く癒しのプロセスの始まりでもあります。ＥＲプランの第一のステップ「マインドフル・ギャップ（隙間に意識する）」はこの脱出口に無事たどり着くためのスキルを教えてくれます。

注意深さをもって激情を拒絶するにはどうすればいいのでしょうか？　どうすればそうした感情に苛立たずにすむでしょうか。そんな感情などしばらく感じたことはないと思っていても、怒りや嫉妬などの激烈な感情はいつでもあなたの傍らで待機しているのです。たとえばある晩、パーティーで自分のガールフレンドが元彼と話をしているのを見かけたとします。そのとたん、あなたはモンスターに変身し、その男に襲いかかって頭を食いちぎろうとするのです。もちろんそんな感情など押しとどめるべきであるとわかっています。でも、どうやって？　自分の苛立ちや、敵意や一時の狂乱をぎゅっと心の中に抑えこんでひたすら我慢しとおしますか？　それともビールかアイスクリームをとって心を慰めますか？　いやいや、代わりに怒りを中和できるよい対処法を実行することもできるのです。心の棘を抜き去り、結果的に怒りを自分から立ち去らせる技があるのです。では、怒りを爆発させる以外いったいどんな手段があるのでしょうか？

怒りへの対処法のひとつは忍耐です。忍耐とはマインドフルネスを貫き、なんら行動には出ず、自分の感情をただ見つめ続けることを言います（詳しくは第三章参照）。忍耐は自分の苛立ちを押さえつけ、文句も言わずにただ苦痛に耐えることを意味するのではありません。忍耐の実践とは予防薬の服用のようなものです。それによって怒りや妬みや嫉妬で心を病まずにすむのです。けれども動揺しているときに忍耐が不足していたら、どこに行ってそれを手に入れればいいのでしょう?

いってみれば頭痛がしてきたので、なにか薬を飲みたいと思っているようなものです。薬を常備している棚を覗いてみましたが、からっぽで鎮痛剤は見つかりませんでした。しかたがないので、ドラッグストアにアスピリンを買いに行くことにします。わざわざそんな努力をするのも、アスピリンを二、三錠飲めば頭痛がすっととれると知っているからです。同じように注意深さをもって怒りに忍耐心を処方すれば、怒りは確かにおさまるのです。ドクター・ドゥームやターミネーターが心に住みつくようなことはないでしょう。

もちろん薬はあるし、それを飲めば効き目があるとわかっていても、いまいち飲む気が起きないこともあるでしょう。薬は糖衣にくるまれているとはかぎらないし、飲み下すのが難しいかもしれない。でも現実に薬がそれなりに痛みを軽減してくれると知れば、抵抗感もなくなるでしょう。マインドフルに自分の感情に関わっていくことで、一時の心の安らぎを得られるだけでなく、感情に支配されるどころか、逆にコントロールできようになるのです。いってみれば長期の病気の治療を受けるようなものです。

この脱出口を用いることに専念しているあいだは、コントロールできない感情のためにいかに人生が痛めつけられ、駄目にされたか思い起こしておくべきです。それはあなたの過去の人生記であり、もし今ここで変わることができなければ、将来なるであろう姿です。感情それ自体が問題なのではありません。感情にどのように対応しているのか、いつもお決まりの形で反応してしまうこと自体が問題なのです。このことに気づけば、新たなアプローチへの準備が整っていることになります。もちろん感情を拒絶することが有効な場合もしばしばあるのですが、それだけでは十分でないことも多いのです。どんなに必死になって抑え込もうとしても、そうした感情は次々と湧き上がってくるものですから。

そうしたとき、あなたはどうしますか？　なんとか押しとどめようと「こんな感情などとても耐えられない。これをなんとかして払いのけないと!!」と自分に何度も言い聞かせるだけではなんの役にもたちません。ならば「すでにこの感情を抱え込んでしまったのだから、今回は別のやり方でこの感情を見つめてみよう。この感情をなんとか有効活用できないか試してみよう」と考えた方が有益ではありませんか。

### 脱出口二　リサイクル

自分の感情をポジティブなものとして、あるいはポジティブになりうるものとして見ることができるようになったなら、感情へのアプローチも自然に変化していきます。ただ外に脱出したいと扉に向かってつっぱしる代わりに、好奇心をもって感情を観察することができるようになるのです。こうした感情のエネルギーはどれもこれもあなたのために働いてくれる可能性を持っています。ゴミの山だって見直せば価値のあるものが見つかりますよね。ＥＲプランの第二ステップ

「クリア・シーイング（明晰に観る）」における第二の脱出口はリサイクルです。この時点では、これまで拒絶し、投げ捨てようとしていたエネルギーを完全に抑圧しようとはしないのです。代わりにそれを再構築し、リサイクルし、もっとポジティブな目的のためにそれを向けるのです。

昨今では、ゴミ呼ばわりされていたものからありとあらゆる有益なものが作られるようになっています。誰かがゴミとして投げ捨てていたものが、次の日には新たな靴やクールなバックパックや彫刻をほどこしたコーヒー・テーブルになっています。リサイクルの習慣が身に付けば、全体としてのゴミの量も減らせます。ゴミの量を減らし、再生可能エネルギーを増やすことは、あなた自身にとっても有益ですし、地域社会にも恩恵をもたらすでしょう。

同様にいかなる感情であれ、ネガティブなもの、ポジティブなもの、無価値なもの、ありとあらゆる可能性にみちたものといろいろな観点から見ることができます。それはあなたがその感情をどう見るか、そのエネルギーをどう扱うかにかかっているのです。あなたの悲しみや不満、虚栄心といった感情はゴミ箱に捨てたくなるような代物かもしれませんが、リサイクルすることによって有益なものに変えることができるのです。

どうすればあなたの感情を単なるゴミから素敵な靴に変えることができるのでしょうか？　いかにして見るのも耐えられないような不愉快な感情を、自分の幸福の核となる魅力的で快適なものへと作り変えることができるのでしょうか？　よく吟味もせずにこうした感情をうち捨てるのではなく、まずはそれ自身に注目し、念入りにその特性を観察してみてください。自分の感情というものがよくわかってくれば、それほど怖いものと感じられなくなり、自分にとってかかせない友に、手助けしてくれる存在に、さらには薬にもなりうるものと納得できるはずです。一歩一歩進んでいくうちに、自分の偏見を乗り越えて、感情のポジティブな面を見ることができるようになります。感情は変容できるという可能性を垣間見れるようになったのです。自分の赤裸々な怒りにも、明晰さと精密さという特性が備わっていることがわかるようになります。さらに感情がどう働くのか、より高度に理解できるようになります。すると不意にオフィスでの争いごとをどう解決したらよいのかわかるのです。それと同じエネルギーがあなたのためらいを断ち、あらたな方向に足を踏み出す手助けをしてくれるようになります。

失業したり失恋したりして、悲しみにくれ、自分は拒絶された、望みなどないという思いに打ちひしがれたとしても、そうした感情のエネルギーそのものが、洞察の対象に、インスピレーションの源になってくれるのです。これはどんな場面でも活用できます。捨て去らなければならない感情はないのです。すべてはリサイクルできます。毒蛇の毒液でも命を救う薬に変容できるように、毒のような嫉妬の情も人生を肯定する思いやりの心に変容できるのです。

たとえば自分の旧友の作った曲がある日、大ヒットしたとしましょう。彼女はほとんど一晩でアルバムを制作し、自分のレコードレーベルを立ち上げました。おかげでiPadやスマートフォンで彼女の満面の笑みを見かけない日はなく、いまだコーヒーショップで働いているあなたは嫉妬の情に駆られます。その時ただ泣くのではなく、どうすればよいのでしょうか？　湧きあがってきた感情をとらえて、それをリサイクルするのです。まずは自分の嫉妬の情というものを認識し、心の扉を念入りに監視してください。誰かが扉をノックし、入ってこようとしているなら、用心してください。相手を中に導きいれるのはかまいませんが、基本的なルールを課すことです。勝手に暴れるのはなし、走りまわるのもなしです。一時そこに留まって正直な会話を交わすだけならOKです。どうしてここに来たのか？　なにを悩んでいるのか？　吐露したかったことを口に出すすべを見出せば、それまでの大仰な主張も和らぎます。すると共感するだけのゆとりも出てきます。妬みは変容し、友達の幸運を称え、幸福感も味わえるようになります。そうなると、それによって疲弊させられるかわりに、自分の夢を実現するよう鼓舞してくれるかもしれません。

ＥＲプランの「脱出口二　リサイクル」を用いることで、自分の心のエネルギーを新たな方向に向けるための知識とスキルを身につけることができます。時が経つにつれ、あなたは自分の感情が根本的にはよいものだと見なすことができるようになります。いってみれば自分の幸福と成長を支えてくれる友達のようなものです。こうしたポジティブな態度でもって、自分の感情と関わり、感じ、同時に感情の持つ可能性を探求するのです。チャンスと理解を与えられたら、あなたの感情はどう変わっていくでしょうか？

ここまで来れば自分の感情が破壊的なものではなく、生産的なものであることがわかるようになります。強烈な感情が湧き出て、空回りしたり、手に負えなくなってもなんらがっかりする必要はありません。その感情のなかに、お馴染みの性癖を打破してくれる資源が備わっているのです。その強烈さのなかに、あなたを目覚めさせ、先入観から解放してくれる何かがあるのです。あなたの感情はパチパチと火花をまき散らし、シュワシュワと泡立ちます。そのおかげで、あなたは自分の苦悩や欲求不満を美しい音楽や詩に変容させることができるのです。そしてこれらはまたあなたの癒しと慈悲心の源でもあります。

## 脱出口三　認識

感情はクリエイティブなエネルギーであると見なすことができるようになった時点で、自ずと感情へのアプローチも変わってきます。「脱出口三　認識」を目指す次の段階に進むことができるのです。ここでは「拒絶」や「リサイクル」を目指すことなく、まっすぐ感情の中核に入りこみ、その生々しいエネルギーとあるがままの形でつながっていきます。そのエネルギーたるやとてつもない活力に満ちあふれているため、固定観念でこりかたまった層や、感情の真の本質を覆い隠してしまっている習慣的な思考も突き通していきます。ERプランの第三のステップである「レッティング・ゴー（手放す）」は、この脱出口へ辿りつくための方法です。自分の感情をあるがままに受け入れることができれば、それを新たな目で、新鮮な思いを持って見ることができるようになります。常に感情の中核にあった知性と慈悲心を認識できるようになるのです。お馴染みの混乱状態ではなく智慧の明晰さ、覚醒した局面を見ることができるようになるのです。

ここまできたら、あなたは善か悪かという二元論的考え方では自分の体験をはかりえないことに気づくようになります。多種多様な気持ちを含みつつも、ひとつの、だがなんとも表現しえないメッセージを発しているような感情があるのです。そうした感情については、それが持っているインパクトを失うことなく語るのは難しいのです。そういった例は珍しいものではありません。ある日のこと、あなたは退屈しており、自分の人生にうんざりしています。観光パンフレットをぱらぱらめくりながら、何千マイルも離れたどこかの景色のよい浜辺で夕日を見ながら座っていられればいいなと思っています。その瞬間、あなたはさらに不幸な思いに落ち込みます。そこで、ふと見上げると、目の前に素晴らしい夕暮れが広がっているであリませんか。心ははっとなり、ただそれに没入していきます。あなたが目にした景色は概念を超えたものです。それはあなたを言葉も超えた世界に連れて行ってくれます。

それに気づいたときが変容の瞬間です。その時、あなたのものの見方が変移するのです。それはパンフレットもシナリオもみな放り出して、今この瞬間にただ生きているような感覚です。全体像がはっきり見えるのです。あなたはもはや周囲から切り離されることも、のけものにされることもありません。

感情を拒絶したり、リサイクルしたりしているかぎり、痛みや葛藤(かっとう)からまっすぐ脱出することはかないません。そうした苦しみから解放されるためには、感情を捨て去るか、変容させるしかないのです。恐れや怒りといった感情を再利用可能なものである、潜在的には有益なものであると評価したところで、それでもなにがしかの不満が残ります。なにかの違和感を覚えるのです。これらの感情の価値は認めても、そのままでは満足できない。もっとよいものに「変容させないといけない」という気持ちが起きるのです。

しかし、脱出口三を目指すなら、もはやあなたの感情をなにか別なものに変容させる必要はないのです。ここでは、自分の感情を純粋な形で受け入れます。あるがままの姿の感情を受け入れるのです。ただ単なるゴミだからうち捨てるのではありません。可能だからエコ・シューズやラバー製の小銭入れにリサイクルするのでもありません。感情というものの真のありようを、そのとてつもない明晰さと、洞察力と、慈悲心を認識できたなら、あなたは拒絶とリサイクルという二つの脱出口を超越した場所に行けるのです。そのエッセンスに、本源のありかたに触れることができれば、感情は躍動するエネルギーに、あなたの自然（じねん）の、不生（ふしょう）の智慧のクリエイティブな遊戯（ゆげ）となるのです。

あなたやあなたの感情を、痛みや苦しみへと、あるいは自由や幸福へとつなぐネットワークの存在に気づけば、もうお決まりの反応をする必要などなくなります。激烈な感情が起きたとしてもその場でどう対処すればいいのか計画できるようになるのです。

◎ **自分に問いかけてみましょう（決意を忘れずに覚えておくために）**

**自分が何をしているのか、何故そんなことをやっているのかを、どうやったら忘れずに覚えていることができるのだろうか？**

自分の感情に働きかけてみよう、それをやりとげてみせようと思っているのに、そのことを忘れてしまうかもしれません。なにかと忙しい上に別のことに気をとられてしまいます。「マインドフル・ギャップ？ それってなんだっけ？」これまでの習い性がこっそり戻ってきて、前と同じような愚痴を漏らすようになります。お馴染みの痛みと苦痛の再来です。いってみれば、かかりつけの医者からよい薬をもらっておきながら、飲むのを忘れるようなものです。そんなことをすれば、一向によくならないのも当然です。このエクサイズをすることで、感情に働きかけようという自分の決意や動機を忘れずにすみます。これをやることで、あなたのカレンダーにERプラン・プロジェクトを書き込むことができるのです。

やってみましょう

どんなことをやるのか決めておきましょう。例えば、

・私は［　　　］する。

（例　一週間に二回、火曜日と土曜日の朝七時に三十分間考えを巡らせる。）

・私は［　　　］したなら、［　　　］する。

（例　私は朝起きたら、なにかに取りかかる前に、自分の決意を再確認する。）

・私は［　　　］したなら、［　　　］する。

（例　私は夜寝る前に、自分の決意を思い起こし、今日一日の行動に反映させることができたか確認する。）

これをしばらく続けてやってみてください。次に別のやり方も考えてみてください。家庭

や職場、あるいは暇な時であっても、この決意を「思い出す」ように試みることはできるはずです。クリエイティブな形でやってみてください。

### ◎感情のレスキュープランの三つのステップまとめ

**三つのステップをプロセスの三段階に結びつける**

第一の段階　まずは開始し、コツをつかむ

・感情への主な見解　ネガティブ――怖ろしい／有毒／圧倒される／不健全／ゴミ／危険
・とるべき主なステップ　「マインドフル・ギャップ（隙間を意識する）」――感じ、留まり、見る。
・主な脱出口　脱出口一　拒絶――エネルギーを押しとどめるか、その状況から離れる。

第二段階　もっと馴染み、ゲームそれ自体を変える

・感情への主な見解　ポジティブ――手ごわくはあるが、有効活用できる／有益／自分の

進歩に役立つ。

・とるべき主なステップ　「クリア・シーイング（明晰に観る）」――マインドフル・ギャップによって得た体験に基づき、幅広い視点から見る。

・主な脱出口　脱出口二　リサイクル――エネルギーを再構成する。必要に応じて脱出口一を用いる。

**第三段階　なんの努力も必要としないダンス、すべてのものがともに流れていく**

・感情への主な見解　クリエイティブなエネルギー――善悪をこえ、言葉の表現をこえた明晰さと慈悲心／全体性

・とるべき主なステップ　「レッティング・ゴー（手放す）」――「マインドフル・ギャップ」と「クリア・シーイング」によって得た体験に基づき、心身をリラックスさせることによってストレスのかかった感情のエネルギーを、感情の結ぼれを解き放つ。

・主な脱出口　脱出口三　認識――感情のエネルギーの豊潤な、覚醒した特性をありのままに見る。必要に応じて脱出口一と二を用いる。

# 第三章　助けはもう来る

成功への道はいつも困難がつきまとう
――リリー・トムリン（訳注　米国の著名なコメディエンヌ）

理論上では、自分の感情と上手くやっていくのも難しくなさそうです。でもいざ現実を突きつけられるとなると――たとえばボスから解雇通知書を突き付けられた、娘が学校をサボった、パートナーがあなたの髪型を嫌がったといったことが起きたなら、まったく話は別です。一読したところごく簡単なように思えた。注意をおこたらず、後で後悔しそうなことを口走りそうになったら自分を押し留めればよい。でもいざ頭に血が上ってしまったら、いつでもそんなことを容易にできるわけもないのです。「今この場でこの一言だけは言わせてもらおう。私の言い分をはっきりさせておかないと。それで十分だ。そうすれば自分は冷静でいられる。」でも結局その一言ではすまないのですよね。古い悪癖に一センチでも譲歩したなら、いつのまにやら何キロも彼方に連れ出され、二度と同じ轍は踏むまいと誓っていたのに、いつもながらのお馴染みの旅に出てしまう。そして同じ光景を見て、お馴染みの苦しみを味わう羽目になるのです。

ありがちな話だなと思うなら、これ以上同じことをしでかして自らを苦しめるのはやめましょう。過去、そうしても何の役にも立たなかったし、これからだって同じことです。ここでやっておくべきことはプランを立てることです。不意に激情に押し流されそうになったら、それを押しとどめる計画を練る時間などないわけですから。

## 感情のレスキュープランの三つのステップ
### ——自分を自身の最大の敵にしないために

感情のレスキュープラン（ERプラン）は、「マインドフル・ギャップ（隙間を意識する）」「クリア・シーイング（明晰に観る）」「レッティング・ゴー（手放す）」という三つの簡単なステップからなっています。心乱れたり、感情に押し流されそうになったら、このメソッドを用いることで、たちどころに自分の心を鎮め、状況がもたらすストレスから自由になることができます。これら三つのステップを実践してみれば、自分に利するどころか傷つけるだけの行動パターンにはまっていたことに気づくはずです。

もちろんあなた自身はトラブルに巻き込まれるつもりなどなく、そこから脱出したいと思っている。心の痛みを増やす気など毛頭もなく、そこから逃れようと思っている。でもどういうわけか、望んでいることと逆の結果を招くようなことをしでかしてしまうのです。友達から「まったくあなたが選ぶ恋人ときたら」と底意地の悪い言葉を投げかけられたなら、つい反射的に言い返していませんか？　それとも、クールに対処してますか？　対応の仕方を間違えば、自分にとっての最大の敵は自分ということになってしまいます。あるいはボスが新入社員のアイデアをあなたの前で賞賛したときはどうでしょう？　そもそもミーティングの前にそのアイデアを新入社員に教えたのはあなただったというのに。あなたが子供や犬やスーパーの店員にキレてしまうというのも、心の奥底にくすぶる苛立ちがあったからなのかもしれません。

ある種の感情のエネルギーについ条件反応してしまうというお決まりのパターンにはまると、繰り返し同じことをしでかすことになります。たとえ、その十秒後に自分でもあきれ果て、なんて愚かなことをしたんだろうと思い、困惑する羽目になったとしてもです。でも本書を学び、「ERプラン」の各ステップを実行していけば、こうしたしつこいお決まりのパターンから逃れることができるようになります。神経科学の最近の研究からも、ステップ一の「マインドフル・ギャップ（隙間を意識する）」を数分実践するだけで、あなたの能力に多大な影響がもたらされることがわかっています。すなわちミスは減り、誤った選択をすることなく、よりすぐれた決断を下すことができるようになるのです。

はじめのうちはステップ一だけに集中してください。ステップ一にすっかり馴染み、自然にできるようになったら、ステップ二を付け加えます。最後にステップ三に進み、それを探求します。そこまでくれば、感情の到来と同時にそれをどう扱うべきかひらめく段階に到達することができます。それによってあなたはある種の自信を得られることでしょう。それはしかるべき教育を受け、ポケットにも多少のお金があるとき抱けるような自信です。

本書を読み進めると、長ったらしく、冗長に感じられるかもしれませんが、ここに記されているのは三つのステップの詳細であることに留意してください。でも、実際のプラクティスにおいては、各ステップのプロセスはそれなりに早く進んでいきます。それでは、ステップ一「マインドフル・ギャップ（隙間を意識する）」について考えてみましょう。

## マインドフル・ギャップ（隙間を意識する）

イギリスにはロンドンとその近郊を結ぶ「チューブ」の愛称で呼ばれる地下鉄があります。地下鉄がホームに止まり、ドアが開くと、録音された声が「電車とホームのあいだの隙間に注意してください」とアナウンスします。地下鉄に乗り込もうとする乗客が車両とホームのあいだの隙間に気をつけて、事故に巻き込まれないよう注意喚起しているのです。「電車とホームのあいだの隙間に注意してください（マインド・ザ・ギャップ）」はロンドンの観光名物の一つとなっているため、その語句を記した観光客向けのTシャツも売られているほどです。

ロンドンの地下鉄に乗るときは、ホームと電車の隙間に注意しなくてはなりません。隙間に落ちてケガをするなどまっぴらですよね。でも、感情を扱うときの「隙間に注意してください（マインド・ザ・ギャップ）」は、ちょっと意味が異なるのです。強い感情を抱え込んでしまったなら、その感情と自分を隔てることができなければまさに危うい状態になってしまいます。

「マインドフル・ギャップ（隙間を意識する）」は**感じる・留まる・見る**の三つの部分から成っ

ています。まずは、注意深くあることを覚えているところから始めましょう。つまり自分の心の扉を誰がノックしているか見つめることを忘れずにいるのです。心かき乱すような感情が訪れたその瞬間を、運よくとらえることができたら、実に素晴らしいことです。とはいえ、騒動が起きてから、ようやく犯人を捕えたとしても、それはそれでいいことです。すべてが片付いて、平和と静けさが戻ってくるまでなにも気づかないよりずっとましでしょう。

ＥＲプランのステップ一のマインドフル・ギャップをどうやっていくかは、以下の通りです。例としてとりあげたのは怒りです。怒りは誰しも感じるものであり、常に厄介な代物だからです。

## 何かの激情に駆られたなら……

◎ **ステップ一**

**マインドフル・ギャップ（隙間を意識する）とは――**

・感じる

立ち止まって、ただエネルギーを感じる。ブロックしたり、反応したりしない。

・留まる

起こったことを再現しようとしない。先を急がない。

・見る

自分の感情をじっと見つめ、その自然なあり方を見る。好奇心が役立つでしょう。

### マインドフル・ギャップ（隙間を意識する）――感じる

「感じる」は、マインドフル・ギャップ（隙間を意識する）の出発点になります。「感じる」とは何をいうのでしょうか？　まず何かが起きます。たとえばEメールが来た。開いてみると、家賃値上げのお知らせだった。そのことにあなたは怒りを覚えます。それを認識した瞬間、何もしようとせず、ただそれを感じてください。その感情のエネルギーをブロックするのも駄目ですし、反応するのも駄目です。ただ感じるだけでいいのです。その時点では、何も行う必要はないのです。ただ注意深くあり、自分が感じていることに気づいてください。

怒りを感じ取ることに時間を費やせば、すべてが自ずと鎮まっていきます。あなたは自分の内面を覗きこんでいるのです。すると、一息つける空間が生じます。もはやあなたは圧倒されることはありません。この空間にあって、あなたは自分と怒りのあいだにある隙間を見出します。そのわずかな隙間があるということは、自分と感情が別々のものである証（あかし）なのです。あなたは昂っている感情そのものではなく、その怒りを観察している存在でもあるのです。もしあなたと怒りが一体なら、どうしてそれを観察することができるのでしょうか？

これぞマインドフル・ギャップの真髄です。いってみれば身に付いた安全運転の習性のようなものです。教習所では前の車とのあいだに一定の車間距離をとるように学びますよね。もしこのルールを守っていれば、前の車が急停車したり、曲がったりしても、ブレーキを踏んで衝突せずにすみます。でも前の車に接近しすぎていたら、手痛い事故を引き起こすことになります。

これは怒りをすべて断ち切って、追い払うのとは異なります。あなたは怒りのエネルギーに触れたままでいるのです。人生のささやかな悩みから喪失や怖れ、悲嘆などの試練に至るまで、何が起きようともただそれを進んで感じ取るのです。たとえばパートナーとともに楽しい旅行に出たとしましょう。ところが彼女ときたら、ホテルについて文句をいい、あなたの運転にけちをつける。そこであなたは自分に言い聞かせるのです。「マインドフル・ギャップ、マインドフル・ギャップ」と。そうすれば、イライラが募ってきても、無駄に揉めずに、コミュニケーションをとるすべを見出すことができます。

あなたがこうであると思い込んでいる物語（「彼はちっともわかってくれない、私は努力しているというのに……」）と、それに基づく感情（私は傷つき、苛立っている）は、必ずしも同一ではないことに留意しておいてください。「あなたときたらいつだって私のことを批判するよね」とパートナーに文句を言うとき、あなたはまだ外側を見ているのです。実のところ自分がどう感じているのかではなく、ただ単に自分のパートナーのやっていることを語っているにすぎません。そのような発言はあなたの世界観の一部を形作るものであり、自分の気持ちというより、自分の考えを述べているにすぎません。それとは逆に「私はひどく腹を立てている」と発言するならば、それは自分の内面をみつめ、感情の根本的なエネルギーにより近づいていることになります。その時点で、自分の身体に注意を向けてみてください。どのような感覚に気づきますか？　頭がずきずきしますか？　顎や肩が緊張してますか？　めまいがしたり、心臓がどきどきしていますか？　身体の感覚に注意を向けることによって、このような動揺を引き起こした原因は何なのかと強迫観念的に考えずにすみます。できるだけリラックスしてみてください。心配事や、人のあら捜しをするような考えが浮かんできても、みな流れていくにまかせ、ひたすら自分の心身がどんな感覚を覚えているかに再び焦点を合わせてみてください。これは勇気のいることです。たとえ拒絶したいことでも、進んで感じ取る必要があるからです。

なにかの感情を避けようと思うなら、いくらでも手はあります。「こんなものいるもんか！　絶対いらない！」と一杯ひっかけにいくか、フェイスブックを開いたりするわけですが、それはただ意識をそこから逸(そら)したいと思っているだけなのです。あるいはこれまで人とはこうあるべきと教え込まれてきたせいで「いやいや、今はそんなことをしている場合じゃない。自分はもっと強くならないと」と思うかもしれません。でも、あなたの感情だって、あなたに何か告げたいと思っているのです。それでも、立ち止まって耳を傾けるのを拒否したら何が起きるでしょうか？　さらに苦しい思いをするだけです。おとなしく鎮まることを願って自分の感情を地下室を閉じ込めても、子犬よろしく煩(うるさ)く吠えまくるだけです。

この時点で、あなたはきっとこう考えるにちがいありません。「なんだ、このプランは！　そんな酷い思いをしなけりゃいけないのか。それがどう役に立つって言うんだ。」心配する必要はありません。感じてみようという決断は怒りに対処するための第一歩なのです。マインドフルネスによってあなたは糸口を、間隙を作ることができました。それは前にはなかったものです。これによってあなたはおぼろげであるとはいえ、進むべき方向を見ることができるようになったのです。

### マインドフル・ギャップ（隙間を意識する）——留まる

マインドフル・ギャップの「留まる」においては、実際に物事を掘り下げてみて、自分を振り回してきたものが何かを見つめます。物事の進みを遅らせ、怒りを感じてみることで、あなたはすでに新たな一歩を踏み出しているのです。「留まる」では、あなたは「一旦停止」ボタンを押して、今のこの瞬間に留まります。引き続き怒りのエネルギーを感じつつ、その体験の中に留って、それを注意深く見続けるのです。ただし、それに対して反応はしないのです。投げつけられた言葉や、やられたことをわざわざ脳裏に思い起こしたりしないでください。あるいは今度こそ、パンチのきいたこんな一言を浴びせかけてやろうなどと思ってはいけません。ただ今、呼吸をしている、生きているこの瞬間にただ留まり続けるのです。

この時点では、リラックスしつつ、注意を払う以外何もやることはありません。もしあなたが何かをしているなら、おそらくじっとはしてない。座ってくつろいでいるわけでもない。もしそれができるなら、何が起きているか真に見てとることができるのです。時には何もしないでいる時しかできないこともあるのです。怒りを感じている時には、それを本当に避けるすべはないのです。いってみれば、車が渋滞に巻き込まれたようなものです。別の道を行けばよかったといかに悔いても、どんなに遅れようとも、打つ手はないのです。では、ここでのあなたの選択肢は何でしょう？　無駄にあがいて自分を惨めにすることもできますし、リラックスすることもできます。「留まる」ことを練習し始めると、初めのうちはまるで交通渋滞にひっかかったように感じることでしょう。感情のスピードは急に落ちたのに、ギアをシフトダウンするのがつらい。アクセルを踏みたくてシートの上でうずうずいらいらしている。そうでなければ、この静かな瞬間を楽しめるはずなのに。

　もし純粋に「留まる」ことができたなら、ただ「そこにいてリラックスする」ことができたなら、どう役立つのでしょうか？　ほんの少しの間、たとえ十分であれ、なんらかの熾烈な感情と向き合うことができたなら、目を見張るような強烈な体験を得られます。初めのうちは、これをひとりで行う必要があります。扉を閉め、誰にも邪魔されることのない場所に行くのがよいでしょう。熟練していけば、ひとり自宅にいる時でも、街中で激論を交わしている時でも易々とこれを行えるようになります。自分にとって都合のよい手のこんだ物語を創り出してしまう憤りに満ちた思考に迷い込むことなく、自分の怒りをじっと観察できれば、なんら働きかけを行わなくても、おのずとそれが変容していくさまを見ることができるのです。ただしそれに向き合わなければ、何が起きているのか見てとることはできません。怒りの微細な動きを見落としてしまうのです。逆にじっと留まっていれば、エネルギーの変化を、切り替わりを見ることができます。それが強まり、そして弱まっていくのを見ることができます。他の感情に邪魔されるかもしれないし、創り出した物語を変えてしまうかもしれない。怒っているのをやめて、急に嫉妬したり、情熱を抱いたりするかもしれない。あなたの感情体験はひとつの継続した流れではありません。常に変化しているのです。

「感じる」ことに勇気がいるように、「留まる」ことにも忍耐がいります。忍耐とは単に受け身であることを、歯をくいしばって痛みに耐え、それが消えるまで忍ぶことを意味するのではありません。忍耐の要はどのような感情を味わおうと、それが幾度も繰り返し戻ってこようと、それに反応することなく、そこに留まることです。その感覚をとらえ、それとともに留まることができるようになったなら、心を開いてみてください。一切の先入観を捨て、これは酷いとか、こんなのは無駄だとかすぐさま判断せずに、自分の感情を味わってみるのです。これは自分の感情と巧みに、友好的に関わっていくためのプロセスなのです。感情が立ちのぼってくるのを押しとどめるのではなく、自然に湧きあがってくるにまかせ、その様子をただ見物するのです。

ただ座って決意をもって自分の体験に注意を向ける、感情が立ちのぼって自ずと消えていくのを「感じ」、そこに「留まる」ことができれば、自分の感情がどのように変化していくのか、また、その変化を自分がどう認識するのか見てとることができます。自分がその感情にどういうレッテルを貼っているのか、誰のために、何のためにそんな感情を抱いたのか、またそれがどう変化していくのか気づくのです。自分にとっては夢の仕事に応募してみたけど、落とされた。もうがっかりだ。でもその落胆の思いを観察してみると、いくばくかの安堵感もいりまじっている。

というのも、別の都市に引っ越さずにすむからだ。あるいは、その仕事に就くことに執着していたのも、両親に自慢の息子だと思ってほしかったからだということがわかる。逆に本当にその仕事に就きたいと思うなら、どうしてもその仕事を必要としているなら、その思いに寄り添い、そこから明らかになってくる事柄を観察してみてください。そうすることによって後悔の念を手放し、次に進むべき道を知ることができます。

なにが明らかになろうと、もともとの仕事への憧れや、なぜ自分にとってそれほど大切なことだったのか、前とは違った角度から見ることができるようになります。ものにはいろいろな見方があるとわかれば、自分の真の望みは何か、どこを目指すべきかわかるようになります。じっくり時間をかけてこのプロセスを観察すれば、なにものにもこだわることなく、ありのままに自らの感情を体験できることでしょう。

ときには、苛立ってこう思うことでしょう。「やってはみたよ、だけど同じ感情が何度も何度も湧き上がってくるんだ。これってまさに拷問じゃないか！」まさにそのとおりだと思うかもしれませんが、実のところそうではないのです。どんな感情体験を得たにせよ、それは新鮮なものなのです。それは怒りや嫉妬、欲望や慢心のまさに新たな瞬間なのです。昨日や一昨日に味わった感情とも違うし、十六歳の時、お父さんが車を貸してくれなかった時に味わった猛烈な怒りや当惑の気持ちとも異なるのです。これは新たな瞬間の新たな感情なのです。

「今」の体験は「あの時」の体験を――同じように傷つけられ、侮辱された時のことを想起させるかもしれません。でもそれはすでに終わったことなのです。こうした古い感情に一生付きまとわれる必要もないのです。あなたはすでに別の存在になっているのです。あなたを取り巻く環境も状況もすでに変わっているのです。あなたが今この瞬間に感じていることは何であれ唯一無二なものであり、再現できないものです。とはいえ、過去の自分の体験と今の自分はなんの関連もない、それについて考えを巡らせてもなんの意味もないなどと言うつもりはありません。それをすることで私たちは重要な洞察を得ることができます。しかし、「同じであること」と「似通っていること」との違いがわかれば、私たちは解き放たれるのです。今朝の夜明けは美しかった。しかし、それは昨日の夜明けや明日の夜明けとまったく同じというわけではない。この新鮮さと生々しさを、そしてそれらとのつながりをまざまざと悟ることで、今この瞬間が存在している間に何を見出せるのか、好奇心を保ち続けることができるのです。

## マインドフル・ギャップ（隙間を意識する）——見る

マインドフル・ギャップの最後の段階は、「見る」です。「感じる」「留まる」のプラクティスによって得られた体験からすでにかなりのことを学んだあなたのものの見方は変わっているはずです。自分の感情について深く理解し、明確な考えを持っているはずです。「感じる」を始めたばかりの時と比べると、まさに感情のエキスパートとも言っていいくらいです。これ以上何を知る必要があるのでしょうか?

この時点で、あなたはいつもの慣れ親しんだパターンに騙され続けることにうんざりしてるので、そんな目にはあうまいと、自分の心の扉をノックしてくる強烈なものが何なのか直視してみます。いかなるフィルターも通すことなく、怒り、情熱、妬み、悲しみを見つめるのです。例えば、カメラにフィルターを付けるのは、対象の見栄えをよくするため、特殊効果をあげるために光の量を調節することにあります。この時点ではドクター・ドゥームであろうと運命の三女神であろうとその形相に手を加えたりはしません。自分の感情をより見栄えよく、礼儀正しいものに、あるいはより恐ろしげなものに改造したりもしません。文化的なステレオタイプに押し込めたり、ハリウッド・スタイルに化粧直ししたりはしないのです。余計な考えを付けたすことなく自分の感情を「赤裸々に見る」と、自然の感情を見ることができます。いかなる概念も哲学的な覆いもかかってないあるがままの感情です。

　この「見る」は、これまであなたがやってきたことと、どのような違いがあるのでしょうか？自分の感情が思っていたより流動的なものであることをあなたはすでに気づいていますよね。でも、自分の感情体験を赤裸々に見ることができれば、もっと奥を見通すことができるようになるのです。ここが違うのです。この時点で、あなたは自分の感情が一瞬一瞬うつろいゆくものであると同時に空間であることに気づくのです。言ってみれば光の点滅や飲み物の泡のようなものです。怒りの火花が散ったかと思うと、またしても散る。瞬間瞬間生じては消え、ちらついては弾ける。すべては今この瞬間の空間で起きるのです。それぞれの火花は関連しているが、同じものではないし、長くもつこともない。一瞬一瞬新たなものとなっているのです。そこで今あなたが理解すべきは、これこそが感情の本質であるということです。感情は常に流れ、変容し続ける。これが感情のありかたなのです。これこそ感情が行っていることなのです。これは実に深い洞察であり、このことを悟ればあなたとあなたの感情の関係は未来永劫変わってしまうはずです。

長いこと感情は誤解されてきました。ほとんどの人々は感情を、山々からコーヒー・カップに至るまでの、日常生活の中でごく普通に目にする物や持ち物のように、堅固であり、長続きし、永続的なものとみなしています。それに疑問を抱いたことはありますか？　自分の感情にその場で「お前は見かけ通りの存在なのか？」と尋ねたことはありますか？

ほとんどの場合、私たちは第一印象を当然のものとしてとらえ、それが現実であるとみなしています。街頭で人を見かけると、ほんの数秒のうちに「この人は大丈夫だ」「こいつは強盗するか、殺しにかかってくるやばい奴」というレッテルを貼ってしまうのです。でも、そこにいたる判断基準は何でしょうか？　ヘアスタイルですか、それとも服装でしょうか？　よほど直感的なタイプでない限り、相手のファッションによる自己主張や社会階層にまつわる漠然とした判断にもとづいて反応しているにすぎません。でもこれでは頭に血が上って反応している時とさほど変わりありませんよね。私たちはちゃんと時間をさいて見ようとしないのです。そうすれば判断も大きく変わってくるというのに。スーパーの通路でひとりの女性があなたの腕にぶつかってきた。あなたはたちまち苛立って、相手をぶきっちょな痴れ者、考えなしと非難します。そのとたんあなたははたと気づくのです。彼女の腕に三人の子供がぶらさがっており、その顔に疲れきった表情が浮かんでいるのを。現実を、すべての状況を把握するや否や、あなたの苛立ちはあっというまに消え去り、心は同情で一杯になります。

感情の一瞬一瞬の本質を見ることができれば、マインドフルネスに注ぎ込んできた努力も報わるというものです。ここでようやく感情というものの本質を、その自然のありかたを、感情とは実はいかなるものであるか味わえるようになるのです。怒りが瞬間的に湧いては鎮まっていくさまを見られるようになるのです。怒りはロープや鎖のようにずらずらと連なっているものではありません。実のところ、それを持続させているのはあなた自身なのです。あなたが憤懣や恨み言、復讐の思いを抱き続けるのをやめさえすれば、怒りはただ消えていきます。怒りにエネルギー補給しなければ、それは自ずと消滅し、再び湧きあがってきても前ほどの力はなくなっています。試しにこれをやってみてください。そしてその代わりにもっとポジティブな考えを、思いやりや慈悲心や許しという考えを怒りに補給してやって、何が起きるのか見てみてください。

このマインドフル・ギャップの第三段階においては、あなたは「見る」ことで二つのことを行います。これを実践することで、どうすれば自分の感情とうまく付き合えるのか理解できるようになり、あなたの認識そのものもおおもとから変わるのです。感情は変わることのない、綿々と続いていく「もの」であるという発想を覆せば、それが実はいかに柔軟なものか見えてきます。怒りは堅固でゆるぎないものではなく、しなやかで、流動的なエネルギーだと感じられるようになれば、ある種の解放感も覚えるはずです。ここで覚えておくべき重要なことは、あるがままのあなたの感情は、清浄でクリエイティブなエネルギー以外の何物でもないということです。あなたはこのエネルギーを巧みに用い、方向づけてやる必要があります。

今やあなたは感情の戯れを新たな目で見、その滑らかな動きの美を鑑賞できるようになっています。それは言ってみれば、抜きんでたヨガのインストラクターの滑らかな動きの美を見ているようなものです。とてつもなく優美で、なんら無理なく、大気中の雲のダンスのようです。このような形で自分の感情を見ることができるなら、感情に対する自分の態度を無理に変える必要はありません。ガキ大将から逃げまどうかわりに、ひとつのダンスを楽しむのです。あなたの意識はよりポジティブで友好的な視点にシフトするのです。こうした立場に立てば、よりはっきりと物事を見ることができるようになります。

以上のようなテクニックの修練を重ねることで、感情と自分のあいだにわずかの隙間（ギャップ）を作り、それによって自らの感情状態を観察し、変容させることが巧みにできるようになります。隙間を感じ、留まり、見ることで、これ以上感情に悩まされることも、痛みを伴う行動パターンを繰り返すこともなくなります。ですから、感情が湧き上がってきたら隙間を意識してください。まずそれを感じ、それになんら反応することなくただ留まり、そして隙間を見るのです。それを感じ、体験し、なにが起きるか見てみてください。

◎自分に問いかけてみましょう……

**今あなたは何を感じていますか？**

今現在のあなたの感情の温度は何度ですか？　仕事に行く準備をしているときであれ、請求書の支払いをしているときであれ、テレビを見ているときであれ、ちょっと手を止めて、自分の感情を読むことができるはずです。時にさほどの悩みを感じられない、あるいはあまりにもそれに慣れ切っているために気づかないことすらあります。逆に心臓が止まりそうな思いをすることもあるでしょう。そんな時には、このような簡単な質問を自分に投げかけ、自分をチェックし、ギアを切り替えてみてください。

・今、自分はどのような感情を抱いているのか？　自分は怒っているのか？　怖れているのか？　それとも悲しんでいるのか？　うわの空でいるのか？
・感情の強さを一から十にわけるとどのくらいか？（一が最も弱く、十が最も強烈）
・その感触は？（鋭い、鈍い、ナイフのよう、震えている等）
・この感情はただ消え失せていくのか、あるいは別の感情に変わっていくのか？

時と場合によって回答が異なることもあることに留意してください。置かれた状況も違うでしょうし、そもそも私たちの感情はとても表現豊かなものなのです。

# 第四章　全体像をつかむ

大切なのは、何に目を向けるかではなく、そこに何を見るかだ
——ヘンリー・デイヴィッド・ソロー

ＥＲプランの第二のステップ「クリア・シーイング（明晰に観る）」とは、強烈な感情体験を得た瞬間に、くりかえし「マインドフル・ギャップ（隙間を意識する）」を実践することで、自ずと得られるものです。動顚して腰も抜かさんばかりになった時に、「マインドフル・ギャップ」の「感じる」「留まる」「見る」を実践できれば、ゆとりが生まれます。心に広がりができて、そのなかで、より完璧な全体像が見えるようになるのです。

感情が激しているのに、ものごとの全体像を見ないのはまずいでしょう。それは譬えてみれば、右も左も見ずに混みあった交差点に突っ込むようなものです。運がよければ無事に交差点を通過できるかもしれませんが、下手すると他の車に衝突したり、歩行者を跳ねかねません。同じように、感情的な岐路にある時、人間関係の重要な局面に入っていく時は、残念なことにならないように用心すべきです。たとえば、ようやく目の前が開けたと思ったら、いくつかの警戒標識を

――「注意してください。滑りやすくなっています。スピードを落としてください」といったお知らせを見落とすということもありますよね。

そのまま車を運転していくと、コントロールを失って横滑り（よこすべ）してしまうかもしれません。あなたは酷（ひど）い事故を起こすまいと必死になります。ここでいう全体像とは何でしょうか？　道路や天気の状況もある。気はせいているし、先ほど携帯電話で口論したかもしれない。もちろん、道路端にはパトカーの姿もあった。あなたが無事家にたどり着けるかどうか、車にも財布にも大きな損失を被（こうむ）らずにすむかどうかは、これら要素のすべてが関わってくることでしょう。

## 全体像の中にあるものは？

「クリア・シーイング（明晰に観る）」とは、ひとつひとつの物事を――怒った瞬間や割れた花瓶などを認識するだけでなく、その背景を見るということです。どこで怒りが生じているのか、その傍らにいるのは誰なのか、何なのか、明らかに見るのです。いってみれば、ロングショットやワイドショットで写真を撮るようなもので、そこには人と人、あるいは人と物との関係性が、周囲の光景がどうなっているかが映し出されます。例えば、あなたは美しい花を目に留めたとします。それは野生の花でしょうか？　庭の花でしょうか？　それは自生してるのでしょうか？　それとも庭に咲いているのか、ガーデンパレスで九・九九ドルで販売されているものなのでしょうか？　全体像の中に置けば、その花への見方は変わりますか？　逆に花を見ることでその背景への見方は変わりますか？

あるいは、あなたは急に不安感を覚え、自信を失ったとします。そこで大きな視野を持ってみましょう。自分のまわりにあるいろいろな要素に気づいてくると、関係性が見え始めます。一方では自分の心のうちを感じ、もう一方では外部で起きていることを感じ取る。その二つが出会った時どのようなことが感じ取れるのでしょうか。これがつまり鮮明にして欠けることのない全体像を見ることなのです。例えば、自信なく、不安なおももちで近所を散歩していたとしましょう。そこでご近所さんを見かけました。実のところ、初めて会う人なので、ハローと挨拶をしようか、それとも俯（うつむ）いてそ知らぬ顔をしようか迷っているところです。これぞ、どちらに転ぶかわからない瞬間です。そこでもし顔を上げて、友好的な笑みを目にしたら自分のなかにも幸せな思いと自信が湧いてくるかもしれません。その日一日気分がよく、次に会ったお隣さんにも躊躇（ためら）うことなく挨拶できるでしょう。その瞬間、あなたの住む一画にわずかな友情と信頼関係が広がり、それが育まれていくと、その後何年にもわたってその地の住民の暮らしに影響を与えるかもしれません。全体像とはたった一つのことがらを指すのではありません。ある瞬間、ある一人の人間のみを指すのではないのです。それはあなたとあなたの世界が一体となった状態を見るものであり、ある場所（あるいは心）の中で生じたことが、必ず誰かに、あるいは何かに影響をもたらすことを見てとることなのです。

自分の外界と内なる世界の結びつきをより明晰に見ることができれば、そこにある種のパターンがあることが見てとれるようになります。そのパターンを念入りに眺めるうちに、ネガティブな、あるいはポジティブな出来事に対して連鎖的反応を引き起こすおおもとの原因を、きっかけを見つけられるようになります。これだけ厳密にものごとを判別していると、もはや易々と騙されなくなります。なにが起きても巧みにそれに対応できるのです。嫉妬や慢心など、脳裏に渦巻く騒がしい感情の声に惑わされることもなくなります。そして自分の考えに頑なに固執せず、他人の声にも耳を傾けるのも容易くなるのです。

## 焦点を定める

ERプランのステップ二「クリア・シーイング（明晰に観る）」では、今この瞬間、自分の目の前にある感情を――怖れや怒りを見ようとします。あなたはそうした感情をゆがめることなく見つめるつもりであり、それを引き起すものは何か、どのような場面で必ず現れるか知ろうとします。それは家族との食事の場でしょうか？　特定のある人と仕事をしている時でしょうか？　それともなんら気の散ることのない一人でいる時でしょうか？

自分の感情なんだから、いやというほどわかっていると思うかもしれません。でも一歩後ろに下がってもう一度見直してみると、まったく別のものに見えてくるはずです。そもそも私たちはあまりにも感情にべったりくっついているので、結局、感情と自分を同一視するようになっているのです。感情について自分が思っていることと自分が一体化しているのです。いってみれば友人との長い、センシティブな会話を交わしたあげく、たった一言の激昂した言葉がわんわんと頭に反響し続けるようなものです。そのために、それ以外のすべてが、感情の豊かなスペクトラムがことごとく失われてしまうのです。これはまさに「クリア・シーイング」の逆を行くものです。ものごとにあまりにも近づきすぎて、対比するものや目安となるものがなくなると、易々と騙されてしまいます。もちろん、一九六〇年代のポップアートの、超拡大されたコミックストリップのドットを眺める時のように、微に入り細に入り対象に目をこらすのもそれなりに興味深く、有益なこともあるでしょう。しかし、ここではそうしたことにこだわるつもりはありません。なにが起きているのかを知るためには、後ろに下がって、離れたところから全体像を見る必要があるのです。

全体像がより鮮明に焦点を結びはじめると、自分の苦しみや期待や怖れだけでなく、他の人々が今この瞬間何を感じているのか、何を必要としているか見えるようになります。さらに、自分が過去にも同じような轍(てつ)を踏み、同じような痛い目に遭っていたことに気づくのです。

## 自分の感情のプロフィールを作ってみましょう

「クリア・シーイング」の練習をしていると、次第に感情面の自分の真の姿が見えてきます。そこに至るためには、まずは自分の感情のパターンがどのようなものか省察する必要があります。毎日まとわりついてきて、あなたを悩ます感情は何でしょうか？　次にその中からどの感情が最も強力で、扱いづらいか、どうしてそれほど手に負えないものとなったのか、その理由をつきとめてみてください。

自分の感情の中でも最も強烈なものは何か、問題を引き起こしがちなものは何か理解しておけば、殴ったり、叩いたり（身体的行為）、叫んだり、怒鳴ったり（言葉の行為）、自他を傷つけることを考えたり（心の行為）といった破壊的行為の引き金となる感情が湧いてきた時に、自分でもあらかじめ用心することができます。そんなトラブルを引き起こす感情など抱いたこともないというなら、これはまことによいニュースです。でも、そうしたそんな感情をひとつでもかかえていたなら、それを見つめ認識することで、それとポジティブな形で関わる第一歩を踏み出すことができるようになります。多くの人と同じく、あなただって、いつも二つや三つの手に負えない感情と闘っているはずです。

自らを省みる時間を持つことは大切なことです。感情とは何か、それが人にどのような作用をもたらすのか。単なる万人向けの説明では十分ではありません。ここまできたら一般論は意味をなさないのです。あなたが体験していることはなんであれ、あなたにとって唯一無二のものです。真の意味でのポジティブな変化とは、自らの体験のなかに飛び込むことで生まれるのです。とはいえ、そのためには、あなたを上っ面だけの存在にとどめ置く思考や言葉を捨て去らなければなりません。感情をテーマに論文を書くというなら、広範囲に目を配った理論もいいでしょうし、それで十分合格点を取れるでしょう。しかし、自分を苦しめている感情から自由になろうとするなら、基本的な理論だけでは十分でありません。あなたは自分の感情と個人的に関わっていく必要があるのです。

自らの感情との関係を構築するのは、他人との関係を築くのとよく似ています。これは真摯に取り組むべき仕事です。昔ながらの知り合いと関わるにせよ、新たな人との可能性を探るにせよ、まず相手を明確に見定める必要があります。二人の関係性はどうなっていくのか？　相手の資質や習癖はどのようなものか？　何か判断を下す前には、まず相手をよく見定め、あるがままの関係性を見極めておく必要があります。

でもその相手が感情となると話は少々入り組んでくるはずです。なぜなら、私たちが弁別しようとしている感情との関係はひとつではないからです。私たちの抱く感情も多種多様なら、その感情の陰影のありようも多彩です。それらを常に分別できるかといわれると怪しいものです。「今日の私は怒ってるのか？　それともイライラしているのか、悲しいのか？　それともエイミーがまたしても思いどおりに上手くやってのけたので、嫉妬しているのか？」

自分の感情を探求し続けると、感情の隅々まで知り尽くすことができるようになります。すると、感情のひとつひとつが自分にとってどんなものか見てとることができるようになるのです。感情が、どのようにして現れる傾向にあるのか、それを自分の体のどこで感じているのか、思考でもってそれを追いかけていくと、どこに去っていくのかなどがわかるのです。これがわかっていなければ、動揺させられるたびに、繰り返しろくでもないことを考え、自他をあげつらい、せっかく自分を気にかけてくれている人を締め出すような愚かな言動に走ってしまうのです。

具体的な感情を対象に「クリア・シーイング（明晰に観る）」の練習をする時には、これってあたりまえことじゃない？と思ったり、余計な推測をしたりしないでください。ここですべきはいまの状況を観察することです。その状況を作りあげた要素をできるだけ多く見ようと努めるのです。それからそれについて省察するのです。それは「どうしてなんだ？」と自分に問いかけたり、解釈しようとしたり、正当化するものではありません。というより、好奇心で一杯になるのです。知りたくなってファクトチェックをし始めるのです。「ここでいったい何が起きているんだ？　どのようにしてこんなに強い怒りの波が湧き上がったのか？　自分はただそこに立って携帯で遊んでいただけなのに、ガールフレンドが『あの視線』を投げかけた。それがなにを意味するものかはわかっている。何かが彼女の神経を逆なでしたのだ。つい考えてしまうじゃないか。『さて、どうしよう？　また始まってしまうぞ。』」

でも急いで結論に飛びつく必要はないのです。まずは落ち着いて、より大きな全体像を描いてみましょう。それだったら一瞬ですませられるかもしれません。逆に不愉快な目に遭ったからといって、おかえしに相手を侮辱し、罵倒してやろうと考え始めたら、互いに延々と傷つけあい、愚かしい行為に突っ走ることになります。

## 隠れるのが好きな感情

あなたがいつもいらいらしているなら、他人をあげつらうのが好きなら、ただぼうっとしているなら、おそらく自分でもそのことに気づくことでしょう。それはあなただけでなく誰にとっても一目瞭然だからです。それよりも見過ごしやすいのが、日々の意識の下で蠢(うごめ)いている抑圧され、秘められたとらえどころのない感情です。この手の感情は、注目されやすい感情よりもしばしば危険なものとなりえます。いってみれば何も知らずに泳いでいる人を、いつのまにか沖に押し流してしまう海面下の潮流のようなものだからです。

なんら劇的な事件にでくわさなければ、感情からの圧迫も感じず、それに押し流されることもないでしょう。あなたは誰かに向かって叫んでいるわけでもないし、ぼろぼろになっているわけでもない。実のところ、あなたはなかなかよい気分でいるのです。たとえそうでも、あなたの人生にじわじわと影響を及ぼしてくる何かの感情の底流があるかもしれません。自分でもはっきりこうとわからないのに、完全に解き放たれたリラックスした気分になれない。背後にある何かがあなたを悩ませるのです。そうした秘められた感情は、いかに曖昧なものであれ、多かれ少なかれあなたのものの見方、感じ方、考え方をコントロールしているかもしれません。もちろんそれはあなたの感情のパターンや、これまでどのような人生を送ってきたかにかかっているのです。

意識下にこのような隠れた感情が常に流れており、そこに束の間の思考の流れが伴っています。常々あなたを悩ませ、脅かしてくるこうした囁(ささや)きにあなたが気づくことはほとんどないでしょう。しかし、思考と感情の二つの密(ひそ)やかな流れが合流した時、思いがけない強力な自然(じねん)の力が生みだされるのです。まるで巨大波のように、予測しない時に突然立ちのぼり、騒擾(そうじょう)と大混乱をもたらすのです。こうした目に見えざる感情と思考を正確に見定めるのは難しいものですが、まずはその存在を知ることが肝心です。そうすれば、徐々にそれらを表にひきずりだして、活用できるようになるでしょう。

## 感情の引き金となるものとそのパターンを認識する

さまざまな感情体験の最中、自分がどうふるまい、どう反応しているのか、しばらく注意を払って観察するうちに、パターンが見え始めます。「怒れる自分の我とはこんなものだったんだ。嫉妬に駆られた自分の我とはこんなものだったんだ。欲望に駆られた自分の我はこんなものだったんだ……」などと見えてくるのです。この時点で、あなたは自分の気質をなかなかうまく映し出したスナップ写真を手にしているのです。しみこんだ性癖のもとにある自画像を改めて見直すことで、自分のパターンからすると、いつどの時点で助けを求めるべきか、脱出をはかるべきかわかるようになるのです。

この時点では、なんらかの感情的反応を引き起こす出来事があなた自身の周りで起こってないのか確認することも大切です。感情を引き起こす、より深いところにある原因はいつも明らかになるとはかぎりませんが、感情エネルギーの急激な高まりの引き金となる直接的な原因はたいてい把握できるものです。あなたにおきまりの影響を与える環境的、社会的条件があるのではありませんか？　何があなたの心をかき乱すのでしょう？　何があなたの心を慰撫し、眠りへと誘い、あるいは目覚めさせるのでしょうか？

例えばある午後、友人のジョーとともにお気に入りのビーチに向かっていたとしましょう。太陽は輝いているし、まさに申し分のない一日です。静かな自然のなかで一緒に時を過ごす心づもりだったのに、いざビーチに到着してみると、家族づれやジョギング中の人、ボディーサーフィンして遊んでいる人、日光浴の人やらで込み合っているのがわかり、ひどくがっかりします。これではリラックスするどころか、イライラがつのるばかりです。おまけに、日差しは強いし、水は冷たすぎる。さっさとここから離れたいのに、ジョーときたら気分は上々、その場に留まるつもりでいる。あなたは文句を言うが、なんの役にもたたない。そこであなたはジョーの頑固さについて文句を言い始める（あんたときたら、いつもそうだ……）。するとジョーも「あんただって、いつもそれは巧みに自分の思いどおりにことを動かしてるじゃないか」と反撃し始める。これで大成功です。あなたは自分の一日を、友人の一日を、あなたの身近にいて、あなたの愚痴をさんざん聞かされるはめになった人の一日を台無しにできたのですから。

　ちょっとした気遣い（マインドフルネス）があれば、この筋書きの結末を変えられるかもしれません。イライラが起きたことを認識し、なにがそれを引き起こしたのか見抜くことができれば、それがすなわち「クリア・シーイング（明晰に観る）」ということなのです。そうした洞察力があれば、不意打ちをくらったり、つまずいたり、壁にぶつかったり、お決まりの痛い目に遭わずにすむのです。

　通常私たちはこのような幅広い視点をもって行動しているわけではありません。ものごとが厄介になりそうになると、深呼吸してあたりを見回すかわりに、なにかつかまろうと手をのばしますよね。それは自分の感情のエネルギーになんらかの支点が、明確な焦点が欲しいからです。焦点となるのは、自分自身か、あなたを動揺させた人（あるいは物）になりがちです。スポットライトによって自分の乱れた心が照らし出されているのに、そのことに気を払わず、注意深くあることを忘れたなら、たちどころにお馴染みのパターンにはまっていくことでしょう。うんざりするほど自分に文句をつけるか、逆に自分がいかに傷ついたか、侮辱されたか、腹が立ったか文句を並べたてて、自分を痛めつけるのです。いずれのパターンであれ、すべては自分の身に起きていることであり、ここで主役となっているのは自分自身なのです。それ以外のすべては背景の中に溶け込んでいます。

スポットライトはまたあなたの感情の対象をも照らし出します。あなたが腹を立てている相手が中古の欠陥車を売りつけたディーラーなら、相手の恥ずべきやり口に激昂するのも無理からぬところです。でもそこで注意深く(マインドフル)あることを忘れて、その出来事に取りつかれ、相手の姿が脳裏にちらついて仕方ないなら、それは一種の強迫観念です。あなたの心はお決まりの罠に、振り払うことのできない思考と感情のループにはまりこんでしまったのです。そうしてあなたはトラブルに足をつっこむのです。そうした対象は人とは限りません。なにがしかのものや、考えに——最新のコンピューターや十ポンド体重を減らしたいという望みや、議会で自分側が支配権を取りたいという思いに取りつかれることだってあるのです。

## ゆるぎなく、そして自由で

全体像をとらえることができなくなり、視野狭窄(きょうさく)になって強迫観念に取りつかれたらどうなるでしょうか?　非難の罠に陥り、自分か他人を責め立てるのです。でもそれによって正しい判断や幸福や智慧が生まれることはありません。さらなる混乱と、苦痛と、泥沼化を引き起こすだけです。ますます身動きがとれなくなり、自由ははるか彼方のものとなってしまいます。

その一方で、何かに集中しようにもまったくできないこともあります。心が無限に動き続けるカメラのようになり、無理にひとつに焦点をあわせようとすると、めまいがしてくるほどです。でも練習を続けるうちに次第に安定してうまくできるようになります。トラウマになりそうな状況であっても、全体像を見ることが容易くなるのです。「クリア・シーイング（明晰に観る）」の体験は、内なる感情と広い外なる世界をつないでいるものを見せてくれるのです。

手に負えない自分の癖や抗しがたい外界の出来事に遭遇しても、自分が無力でないと教えてくれるのです。ただ途方にくれるのではなく、いつ何が引き金となって自分のある感情が引き起こされるか、いつ自分がマインドフルネスを失い、嵐のような荒々しい感情に圧倒されるか予見できるようになるのです。ここまでくれば、そんなことが起きる機会はどんどん減ってきてます。そのうえ、たとえまたそのような悪い癖に陥りそうになっても、どう対処すればよいのかわかっているのです。これまで手をこまねいているしかなかったのが、事態のコントロールを再び掌握できるようになるのです。

◎自分に問いかけてみましょう
## あなたの感情の動きのパターンは？

以下の質問を用いて、あなたにトラブルをもたらす感情についてざっくり理解してみてください。最終的に自分の感情の全体像を得ることができるはずです。すぐさま対処すべき感情と、後で対処すればよい感情を分別できるようになると、どのような瞬間であれ、注意をどこに注ぐべきか簡単に見てとることができるようになります。

例文には「腹が立つ／怒る」とありますが、あなたが見極めたい感情があるなら、それを代わりに当てはめて考えてみてください。

・どのくらいの頻度で腹を立てているか？　一日に一回か？　それとも週に一回か？
・腹が立った時、自分にどのようなストーリーをいい聞かせているか？　たとえば「私が腹を立てたのも、こんな理由があるからだ……」
・腹が立った時、その怒りは自分にとって明白なものか？　直接的で、たちどころに感じられるものか？　それとも、背後に潜んでいて、徐々に忍びよってくるものか？
・強烈な怒りを覚えたとして、初めのうちはさほどでもなかったのに、次第に膨れ上がってきたのか？　それとも初めから激昂して、コントロールできない感じだったのか？

・怒りは通常どのくらい続くか？　多少はコントロールできるか？　自分でそうと望めば、怒りを鎮められるか？　それとも歓迎されざる客のようにずっと居座っているか？

・怒りは他の感情と同じようなパターンを辿るか？

直接的にただ観察することでこれら質問の大半に答えることができます。じっと考えをめぐらして、ふっと頭にひらめいた答えを書き留めるか、絵として落書きしてみてください。後でそれを見直し、自分に問いかけてみるのです。「これはまだそのとおりといえるのかな？」そしてさらに考えをめぐらせて、書き足すのです。あるいはまる一日ひとつの質問に費やしてみてください。例えば「自分はどのようにして腹を立てるのか？」といったような。また別の日にはそうした感情につきものの「ストーリー」がどのようなものかに意識を集中してみるのです。

# 第五章　ほっと一息

自分が何者であるかに固執しなければ、
なり得る最高の自分になることができる
――老子

痛みを伴う感情を手放したいと思うなら、それに別れを告げる必要があります。とはいえその前に、まずはその正体を知っておかなくてはなりません。その鋭い刃と強烈なエネルギーに直面しないといけないのです。でなければ、自分が何を手放したいのか、それすらわからぬままでしょう。

「感情のレスキュープラン（ERプラン）」の三つめのステップは、当然ながら「レッティング・ゴー（手放す）」です。これまで延々と実践してきたことの当然の帰結であり、まさに論理的なステップです。これまであなたは「マインドフル・ギャップ（隙間を意識する）」や「クリア・シーイング（明晰に観る）」を実践し、それなりの成果をあげてきました。強烈な感情のエネルギーと折り合いを付けるためのさまざまなテクニックも習得しました。圧倒されるような感情と自分とのあいだに隙間(ギャップ)をおく方法も、すっかり身についた悪い性癖を引き起こす感情的なトリガーを見抜くすべも学びました（あるいは学びつつあります）。この性癖のせいで、いつも後悔するはめになっているのに、同時にそれにしがみつかないではいられない。でも新たにこのようなスキルを身につけたことで、感情への見方は変わったことと思います。感情は決して悪いものではないのです。それどころか、あなたにとって有益なものであり、ポジティブな可能性に満ちあふれています。「マインドフル・ギャップ」と「クリア・シーイング」のおかげで、いつもながらの、暗い、苦痛にみちた陥穽(かんせい)に陥らずにすむようになりました。火事が起きて炎と煙に包まれ、そこからなんとか脱出を試みる時、助けてくれるのはこうしたテクニックなのです。

今や、あなたは、この手の感情パターンを焚きつけるエネルギーに直接働きかける準備が整っています。こんな諺(ことわざ)がありますよね。「手放すためには、まず来るもの拒まず」「来るもの拒まず」はマインドフル・ギャップによって生まれます。それによって「明晰に観る」が実践できるようになり、「クリア・シーイング」によって、感情へのとらわれに別れを告げることができるのです。とはいっても、単に振りかえって、センチメンタルな思いでそれに別れを告げて手放すのではありません。これによってあなたはまさしく一歩前に進み、呼吸も楽に、ほっと一息つけるようになるのです。でもあなたはなにを「手放す」のでしょうか？　そして、この手放すという行為は、自分の感情を否定したり、取り除くのとどう違うのでしょうか？

まずあなたは自分のネガティブな感情を手放します。酷い不安や悲しみをもたらす感情です。その一方で、こうした強い感情に対して自動的に反応してしまう性癖を——押し留めよう、隠そう、変えようとする性癖をも手放すのです。感情はクリエイティブなエネルギーであると認識できるようになっているので、そのつもりがあるなら、「レッティング・ゴー」は、専らあなたのエネルギーの滞り（とどこお）の結び目をほぐすためのプロセスとなってくれます。エネルギーが昂った時、いつもの癖で、それをコントロールしよう、しがみつこう、操ろうとするなら、そのエネルギーはもつれ合ってしまいます。たとえば腹が立ったとしましょう。あなたには選択肢があります。いつものようになんとかそれをコントロールしようとするか、あるいはそのエネルギーがただ消え失せるにまかせるか。本来自由に動けるはずのエネルギーをきつく縛り上げようとすればするほど、エネルギーはあらぬ方向にねじれ、固い結（むす）ぼれを作って、あなたの心身にストレスと不安をもたらします。

ステップ三の「レッティング・ゴー」では、自分が心身でもって感情をどのような形で体験しているのか、綿密に注意を払っていきます。より注意を向け、気づきが増せば増すほど、束縛されていたエネルギーを解放するための力を得られるようになります。つまり「レッティング・ゴー」は、感情の拒絶の逆を行くものなのです。実のところ、私たちはここで初めて、あるがままの感情を自分の人生に受け入れることができるようになるのです。その感情たるや、独特かつ鮮烈なクリエイティブなエネルギーであり、何もしないでも自然に動き始めるものなのです。すべてがぱっと開け、可能性に満ちみちた鮮烈な瞬間が来るのです。そこであなたは次の一呼吸をつくことができるのです。

## 奮起する

「じゃあ、このネガティブな感情を手放してやろう、これは本気だからね。」そう思うのは容易いことです。でも言うは易く行うは難しです。まず決意しなくてはなりません。でなければ感情を手放すことなどありえないでしょう。決意することで、感情と神経質に関わっていくことがいかに破滅的なことか思い出すことができるようになります。それが自分にいかほど負の影響をもたらしたか、いかに他人を傷つけてきたか、思い起こしてみてください。

怒りに呑みこまれることの危険性はなんでしょうか？　怒りはいってみれば炎のようなものです。あなたの長所を一瞬にして焼き尽くしてしまいます。あまりにも頭に血がのぼって激昂すると、自身の理解の範疇(はんちゅう)をもこえた化け物になってしまうかもしれません。常識もなくし、これまで自分でも想像だにしなかった言動に走るかもしれません。辛辣な言葉を相手に投げかけ、怒鳴りあい、平手打ちをするといったような。こうして長年の努力と忍耐の賜物である関係性を打ち壊してしまうのです。

それだけではありません。怒りはあなたの容姿も損います。どれだけドレスアップしておしゃれをしているつもりでも、攻撃的な態度を示すや否や、みな、あなたの美しさに目もとめなくなってしまうのです。そうなったら、おしゃれな服にクールなグッズ、スタイリッシュな髪型も何の意味も持たなくなります。あなたは印象的な外見だけでなく、心の美しさを、思いやりの美しさを失ってしまうのです。

すべての感情の中で、最も破壊的な力を持っているのが怒りです。怒りのひとつひとつが痛みと争いをもたらします。欲望が強すぎると飢餓感に満たされ、あれほど欲しがっていたものを楽しむこともできなくなってしまいます。嫉妬に駆られると、偏執狂(へんしゅうきょう)気味になって、いつでも競争相手に打ち勝とうとあくせくする羽目になります。誰もが競争相手に見えてくるのです。そしていつも他人の才能を羨(うらや)み、ライバルの成功に憤(いきどお)るのです。慢心がふくらむと、他人よりも自分が優れているような気がしてきます。自分はあいつより上だと思い、自己陶酔し、自分より「劣っている」相手にはろくに目もくれません。ほんの一瞬このような心理状態になることもあれば、普段の服や日常使いの車のようにそれが人の個性の一部をなしていることもあります。そして、純粋に負の感情でなくても、それが引き金になって連鎖反応的に他の感情が次々と生まれてくることもあるのです。

心かきみだすこうした感情がいかに危ういものを秘めているか、個人のレベルで深く理解したところで、新たに何か試みてみたくなるかもしれません。そこで、こうした感情に固執するかわりに手放してみるのです。もしその結果が気にくわなかったら、いつでも前のとおりの神経症的習性に戻ればいい。こうした習性はいつだってそこに巣くっているのですから。一晩で彼らを失うのではないかと心配する必要はありません。

試しにこのクレージーな「レッティング・ゴー(手放す)」のアイディアをちょっとしたシンプルな形で実行してみてください。レストランではいつでもハンバーガーを頼む、見に行くのはアクション映画だけ、外出時には必ず携帯電話を持参するなど、いつも同じ行動をとっているなら、それとはなにか別のことをやってみるのです。チミチャンガ（訳注　米国南西部やメキシコで食べられるトルティーヤ料理）を注文する、演劇を見に行く、外出する時にも携帯を持たないというように。それでどんな気分を味わえるのか見てみるのです。こんな些細な一歩でもなにか解き放たれた気分になるはずです。

同じように、怒りが起きそうになったら、少なくともそれを手放すよう試みることはできます。たとえ本能が何が何でもそれにしがみつけと主張していたとしてもです。試しにやってみて、どんな感じがするのか見てみてください。自分にもこう言い聞かせるのです。「どういう感じがするのか正しく評価してみよう。次に自分がキレそうになったら、ＥＲプランを思い出そう。そして『マインドフル・ギャップ（隙間を意識する）』と『クリア・シーイング（明晰に観る）』を行い、さらにリラックスして『レッティング・ゴー（手放す）』を学ぶのだ。」

悪くないスタートです。しかし、ここで知っておくべき大切なことがあります。ネガティブな感情をたちどころに、すべて解放するなど不可能であるということです。そんなことを期待していたら、ひどく落胆することでしょう。でも悪いニュースばかりではありません。良いニュースは、いつかはゴールに到達できるということです。もちろんすぐにではありません。徐々にです。

怒りのような破壊的な感情を手放すには、一回目、まずそのエネルギーのごく一部を解き放ちます。怒りがまたしても立ち上ってきたら、もう少し多く解き放てるようになります。そして、三回目の挑戦で、残りをさらに解き放つことができるようになるのです。怒りを手放すたびに、残りの力は弱まります。感情は力の削がれた形で戻ってくるのです。その勢いは失われ、より扱いやすくなっています。このステップを辿っていくと、時を経るにつれ、あたかも風船から空気が抜けていくかのようにあなたの反応は萎んでいき、感情はより柔軟に働くようになります。これは達成可能な悪くない目標といえましょう。

しかし、いくら時がすぎようと、いかに努力しようと、怒りの感情の残滓はあるものです。この段階でなお残っている感情のエネルギーは、空の香水瓶についた香水のほのかな残り香のようなものです。感情はほとんど消えたといえ、そのエネルギーの残り香が、心の癖となってしばらく残っているのです。いってみれば、コーヒーを飲むのをやめたり、禁煙するようなものです。何が何でも飲みたい、吸いたいという渇求の段階を越えたら、折々その衝動や欲求がちらついても、もはや行動にうつすだけの基盤がなくなっているのです。

ネガティブな感情を手放すには、二つのレベルがあります。まずは、その感情の中の、最も明らかなエネルギーを徐々に解き放つのです。それに熟達したら、もっと微細なレベルで解き放ちます。そうすると、感情の残り香も消えていきます。このプロセスには時間も労力もかかります。でもこれによって、これら感情がもたらした直接的な痛みのみならず、その奥にある心かき乱す底流からも解放されるのです。

## レッティング・ゴー（手放す）——見る、聞く、嗅ぐ、味わう、触れる

ERプランの第三のステップ「レッティング・ゴー（手放す）」は、これまでのステップと同じく、「この場にあり、観る」ことから始まります。「ここ」にあるという感覚がありますよね。自分の部屋にいようとも、ショッピングモールにいようともです。もし自分の心が彷徨（さまよ）っていったり、タイムトラベルしたり、白昼夢を見始めたりしたら、現実に引き戻してください。今、この瞬間に、この場所に意識を向けるのです。

そしてなんらかの感情があることに気づいたら、そこに意識を向けたり、思考を追いかけるかわりに、自分の周囲の物理的な世界とつながってみてください。意識を切り替えて、知覚がとらえている世界に意識を向け、こう問いかけてみるのです。「自分の目は今、何を見ているのだろうか？　耳は何を聞いているのだろうか？　どんな匂いや味を味わっているのだろうか？　どんな感触を体験しているのだろうか？」　そよ風の涼しさ、太陽の温み、自分の座っている椅子の硬さや柔らかさなどを時間をかけて味わってみてください。

そのような体験とつながるだけで十分なのです。なんらかの知覚の対象に——音なり、姿形なりにただ短時間意識を集中させる。それ以上余計なことをする必要はありません。あれこれ考えをめぐらしたり、レッテル貼りしたり、判断を下したりはしないのです。なにか考えが浮かんできてもかまいませんが、そのあとを追いかけてはいけません。ただそれらが消えゆくにまかせ、

この簡単な知覚体験に意識を戻しましょう。

いってみれば調査報道のレポーターのようなものです。優秀なジャーナリストなら、ただ状況を観察し、それについて書く。筋書きには干渉せず、誘導尋問もしない。すでにわかっていることを確認するために答えを探したりしない。心はひらいて、偏見をもたず、注意深くある。それがジャーナリストという仕事なのです。それ以上のことをする必要はありません。

自分の知覚体験に注意を向け始めると、二つのことが起こります。昂っていた気持ちが落ちついてきて、より穏やかな気分になります。それは同時に感情エネルギーの奔流を断ち切ることでもあります。これによって、あなたは「マインドフル・ギャップ（隙間を意識する）」の体験を創り出すことができるのです。これこそあなたが求めていたものであり、まずつながるべきものです。このギャップのおかげで時間稼ぎができ、ネガティブな感情を爆発させずにすむかもしれません。

さらに、こうした五感の知覚体験とつながることで、心をリラックスさせることができます。これは単なる「今、この瞬間にある」という感覚です。これはある種の瞑想のようなものです。これを活用することで、感情がもたらす衝撃もある程度吸収でき、さほど苦しめられなくてすむようになります。いってみれば、車が道路の穴に落ちてもショックアブソーバーが衝撃を吸収してくれるようなものです。

## レッティング・ゴー（手放す）――身体をリラックスさせる

いったん知覚とつながることができたら、次に自分の身体とつながってみましょう。感情に圧倒されてしまっている時は、大概自分の身体のことを忘れているものです。そこで、ここでは身体そのものに意識を向けてみましょう。あまり深く考えることなく、ごくシンプルに行ってみてください。ただ、身体の中にある感情のエネルギーを感じるのです。それ以外、何も付け加えないでください。自意識過剰になって、「お、これはなかなか良い身体をしてるな」「なんて酷い身体だ」、あるいは健康だ、不健康だ等々、日ごろから自分の身体について思っていることを思い起こす必要はありません。こうした考えやレッテル貼りや、価値判断はすべてうち捨てて、ただ自分の身体にあることがどのような感触なのか感じてみてください。その体験の中でたゆたい、心の乱れが鎮まるに任せ、リラックスするのです。

このように直接的で、シンプルで、なんら概念を介することなく自らの身体とつながると、リラックスできるようになります。身体がリラックスすると、自分の感情がより明晰に見えるようになり、強烈な感情エネルギーをさらに解き放つことができるようになります。多くの場合、私たちは真の意味で、自分の身体にいるわけではありません。普段はレッテル貼りすることでようやく自分の身体を知るのです。私たちはレッテルの仮面をかぶっています。鏡をのぞきこんでも見えるのはその仮面です。美しい仮面、醜い仮面、楽しげな仮面、不愉快そうな仮面等々です。

それは概念と評価付けでできあがった仮面です。その姿を見て怯えるのも、自分が仮面をつけていることを忘れているからです。ある意味で私たちはこうした変装ぬきの、レッテルを貼ってない自分のあらわな姿を見ていないのです。思考によって粉飾（ふんしょく）されてない、ありのままの、普通の身体を見ていないのです。

　自分に貼り付けたレッテルをすべてそぎ落とし、なんら判断することなく、ただ自分の身体を見つめてみてください。するとまったく別の身体体験ができるはずです。真の自分を、マスクの裏にある自分の身体を見始めるのです。それによってより深い洞察を得て、ある種の安らぎとより楽観的な展望を抱けるようになるのです。あなたはこれ以上、自分の身体にまつわる思い込みや心かき乱す感情と一体化することはないのです。こうしたレッテルや評価によって引き起こされた混乱の彼方にあるものを見て取ることができるようになるのです。動揺した時、不安に襲われた時には、自分の身体に意識を向けることを忘れないでください。身体への気づきはちょうどいいタイミングであなたを危機の瀬戸際から引き戻してくれます。

　どのような感情に襲われようとも、それを身体でもって感じ、呼吸とともにそれを「手放し」、リラックスしてください。身体の中の感情エネルギーを解き放つための最も安易な方法のひとつが深呼吸であることを覚えておいてください。感情を体から解き放とうと思うなら一回深呼吸してみる。それだけでも大きな違いがあるはずです。

　ヨガや水泳など、ある種の運動も効果的です。ヨガは身体の中のエネルギーの流れを改善し、強い感情によって引き起こされた緊張を和らげる効果があります。この種の運動ができない場合は、部屋の中で静かに座りつつ、あるいは外で寝転んで空を見上げつつ、公園を散歩しつつ、身体のマインドフルネスを行うことができます。皿を洗いながら、あるいはテレビを見ながらでもかまいません。感情の乱れを「手放す」必要がある時には、特に瞑想の実践が役に立ちます。瞑想は心で行う修行と思われがちですが、身体的なものでもあるのです。つまり呼吸と姿勢の両方が関わってきます（瞑想のやり方についての詳しい指南は、第八章から第十章参照）。

運動するにせよ、ヨガをするにせよ、瞑想をするにせよ、あるいはただ単に一息つこうと思い立って深呼吸してリラックスするにせよ、マインドフルネスの状態を保ち、自分の心身の体験に気づくことが大切です。身体に縛り付けられている感情エネルギーを解き放ちつつも、心の体験とつながったままでいてください。そうでなければ、体を動かすのは自分の感情から目をそらすためのひとつの手段になってしまいます。これでは感情を「手放す」のではなく、感情を避け、距離を置くことになってしまうでしょう。何かを手放すには、まずそれを手に取れるほど近くにいる必要があるのです。

## レッティング・ゴー（手放す）――心をリラックスさせる

次のステップは、感情を精神的に解き放つことです。体をリラックスさせると同様に、優秀なレポーターになったつもりで、心の感情体験を観察してみてください。自分を煩（わずら）わせるなんらかの感情に気づいたなら、それがなんであるか特定し、そのエネルギーを体験してみてください。

心理学や神経科学の分野における近年の研究によると、感情に名前をつけ、ただ「怒り」「悲しみ」「悩み」と呼ぶだけで、その力を減じる効果があるそうです。それによって、さらに詳しく感情体験を観察できるようになるのです。レッテル貼りは、なにも物事をこみいらせたり、粉飾したりすることを意図しているわけではありません。ただその感情がなんであるか自分に告げればいいのです。「今、私は怒っている」と。そこに余計な考えを付け加えないでください。「これはよい怒りだ」「これは悪い怒りだ」「この怒りは押し留めないといけない」というように。要するに余計なことは一切しないのです。

どういう感情なのか特定できたなら、それにどのような性質があるのか、どのような形で現れているか観察してみてください。それが激情（パッション）だとしたら、あなたはすっかり興奮してしまっているのでしょうか？　頭の中を思考が駆け巡っていますか？　その激情はどんなメッセージを送ってきているのでしょうか？　それに対するあなたの反応は？　何が起こるにせよ、ただそれを感じ、気づき、認識するのです。これをすぐさま理解しなさいとは言いません。ただ、なんらかの感情が湧き上がってきた時に、それをそのつど見つめるのです。自分の体験に気づくのです。その感情が何であるか明らかになったなら、もうレッテルを貼る必要はなくなります！　自分の思考をそこに縛りつける必要はなくなるのです。レッテル貼りに走れば走るほど、ストーリーは入り組んだものになり、あなたはそれに執着するようになります。あなたとあなたの感情のあいだにあるべき隙間（ギャップ）はさらに縮まり、感情はさらに乱れて、混乱することになります。

そのかわりに、ただあるがままに置くのです。これが「レッティング・ゴー」です。感情が湧いてきたら、湧いてくるにまかせる。変化していくなら変化するにまかせる。去っていくなら去るにまかせる。それがぽっかりとあいた虚空(こくう)のなかに溶け込むにまかせましょう。すると、虚(うつ)ろな、からっぽな感じではなく、なにかほっと一息ついたかのような安堵感を、自身の存在をありありと感じ取ることができるはずです。

このプロセスには時間もかかるし、辛抱も肝心です。なのでゆっくり進めていって構いません。でもある時点で秘められていた自分の感情と関わっていくことも必要です。抑圧されていた感情を手放すにはどうすればいいのでしょうか？　それを手放すには、まずそれを見つけだして、正体をしっかり見きわめなければなりません。抑圧された感情を見つけるためにドアを開くのは、言ってみれば混みあった部屋に入って、ろくに知らない人を探すようなものです。部屋の中を覗きこんでみると、いろいろな感情や思考が音楽にあわせてハミングしていたり、喋っていたり、議論したりと好き放題やっているため、初めのうちはお目当てのものを見つけるのは難しいのです。そもそも彼らはとても内気で、たやすく自分の正体や、自分の秘密を明かしてくれはしません。それでもあなたは彼らに接触し、アプローチする方法を見つけないといけません。そうした感情に口をきいてもらうために、まずは自分に以下のような質問を投げかけてみてください。

「自分には特に避けたい感情はあるのだろうか？　それを感じずにすむために、自分は何をやっているのだろうか？　今、何か抑圧している感情はあるのだろうか？」

そのうちあなたは過去を振りかえり、自分がどのような感情を避けようとしてたのか、それがいつ、どのようにして始まったのか知ることができるようになります。いつの日か、あなたは自分という人間をより深く理解できるようになります。そしてこのような新たな知見をもたらしてくれた自分の知性と勇気を称(たた)えられるようになるのです。

## 手放す自分をも手放す

「レッティング・ゴー（手放す）」のこの段階まで至っても、ひとつやり残したことがあります。つまり「手放す自分」をも手放すのです。これによってあなたはさらにリラックスできます。つまり自らを追跡しようという余計な努力をすべて手放してしまうのです。ここでは「私」なるものへのとらわれをすべて放棄します。「マインドフル・ギャップ（隙間を意識する）」も「クリア・シーイング（明晰に観る）」もやってのけた、心かき乱す感情も勇気をもって手放すことのできた「自分」へのこだわりをも手放すのです。

「私は手放している」という考えへのとらわれから解放されると、あなたの感情はとても微細なレベルで変容し始めます。これまで自らを厳しく裁き、細心の注意を払って自分の感情を監視していたその部分をリラックスさせるのです。意識は二重スパイのようなもので、あなたの言動のすべてを実行にうつす一方で、監視しているのです。

ここまで深くリラックスできれば、神経症的な感情のパターンのもつれとは、蛇を巻いて結び目にするのとなんら変わりないとわかるはずです。もつれて結び目になった蛇は放っておけば自分でするっと抜け出てしまいます。もつれをそのままにしておきたければ、蛇をそのままがっしり捕まえておくしかありません。同じように、つらい思いをもたらす感情を解き放とうとひとたび決意したなら、その純粋なエネルギーそのものがもつれを自ずと解き放ってくれるはずです。なぜなら、感情というものは本来出現し、そして消えていくものだからなのです。実のところ、あなた自身も含め、あなたを感情から「自由に」してくれるものなどどこにもないのです。

と同時に、自分のためにこれを発見できるのは、唯一あなた自身しかいません。さらに、感情との関わり方を変容させようと決意できるのも、あなた自身しかいません。ですから、この時点であなたは、ひとつの問いを突き付けられることになります。「この感情の結び目をはたして解いてもいいのだろうか？」

◎自分自身に問いかけてみましょう

**自分の身体のなかにある感情をどのように感じていますか？**

感情の存在を明確に感じ取れたら、以下に述べる指示に従ってやってみてください。それがどのような感情であれ、まずは自分の全身に、本来の物理的存在に注意を向けてみてください。そして頭のてっぺんから足の先までスキャンしてみるのです。足の裏から頭頂部に、あるいは手足の指先から心臓の真ん中へと。ポイントは身体のどの部分でどのように感情の影響をうけているか認識することです。ネガティブな感情は、身体の広範囲にある種の身体症状を引き起こします。そのことを繰り返し注意深く観察し、そのサインはどういうものか、変化するものなのか見るのです。

・自分は緊張しているのだろうか？　その緊張はどこにあるのか？
・呼吸は浅いか、それとも速いか？
・震えているのだろうか？　顔は紅潮しているのだろうか？
・なにかひどく苦悩しているだろうか？　胸が締めつけられたり、頭がガンガン脈打ったりしているだろうか？

ひとたび自分の身体の状態を観察すれば、身体をリラックスさせ、からだの中に巣くっていたエネルギーを解き放つためにできることは数多くあります。たとえば、きつく歯をかみしめていると感じたなら、そこに意識を向けて深呼吸をし、その箇所に意識的に解放感とリラックス感をもたらすのです。

呼吸とともに「レッティング・ゴー（手放す）」

・最近イライラしたり、動揺した時のことを考えてみてください。

・その時湧きあがった感情をまざまざと感じられるまで、その時の瞬間とつながってみるのです。
・そこで深く息を吸い込みます。呼吸に意識を集中させ、自分の身体をリラックスさせます。急いで息を吐き出さないでください。すこしばかり軽く息をとめ、それから自然に息が出ていくのにまかせます。
・それを何度か繰りかえし、体験の中になんらかの変化があればそれに気づいてください。

# 第六章　思考と感情

自身の目で見て、自身の心で感じ取ることができる人間はめったにいない
――アルバート・アインシュタイン

ここまで来たなら、あなたはＥＲプランの基本を学び、三つのステップを実践し始めているはずです。長い道のりではありましたが、今やあなたは染みついた性癖にこれ以上引きずりまわされることなく、そこから自分を解き放つにはどうすればよいか、また自分の感情について十分に理解したことと思います。これで解決法は完全に揃いました。あなたにはしかるべき手段があり、それがどのように、またどうして効き目をもたらすのか分かっている。ここまできたらハッピーエンドの部分まで読み飛ばしてもいいくらいです。感情とはクリエイティブなエネルギーであり、そのことを見出すことができれば、人生には新たな可能性が広がる。そして同時にすべての問題は解決されるのです。バイロン卿（訳註　英国十九世紀のロマン派の詩人）の詩にも「踊りに興じよ、際限なく楽しめ」とあるではないですか。

そこに至る前に、まずは思考と感情がどのように連動しているか、その結びつきにおいて、レ

ッテル貼りがいかなる役割を果たしているか詳しく観察してみてください。ここは、いってみればあなたの主要なツールの一つであるマインドフルネス用の実験場のようなものです。このツールを巧みに使いこなせばこなすほど、平時であれ、猛攻撃をくらっている時であれ、自分がどう考え、感じ、行動したらよいのかはっきり見えてきます。いってみれば高品質の顕微鏡を使って、高品質の鏡の表面をのぞき込んでいるようなものです。

専門家による書物や研究成果をただ読んでいるだけでは十分ではないのです。自分のあるがままの感情を知るには、自分の思い込みをテストして、何が起きるか見きわめる必要があります。感情が湧き上がって来た瞬間、いまだ生き生きとした活気が満ちている時に、その感情に会いに行ってみてください。なんらかの「試練」に遇った時、あなたはどう振舞いますか？　仕事を失ったり、休暇中にインフルエンザにかかったり、親友が遠くに引っ越してしまったら？　すっかり落ち込んでしまうか、あるいは皆に嫌な思いをさせて、自分だけいい気分になろうとするのでしょうか？　こうなるはずとか、きっとこうだとあれこれ憶測したり、想像したりするより、直接的な体験に基づいているほうが、あなたの行動はよりタイムリーで適切なものとなっているはずです。

## あなたの心は「薔薇」と言う

自分の思考を注意深く観察してみてください。見続けるうちに、いつも起きている出来事に気づくようになるはずです。何かを見ると、あなたの心はすぐさまそれにレッテルを貼ります。薔薇のような具体的な立体物を見ているかもしれませんし、バレンタイン・デーに恋人に贈った薔薇の記憶のような、心に浮かび上がった単なる心の表象かもしれません。いずれにせよ、その対象が目に入った時（あるいは心に思い描いた時）、あなたの心は「薔薇」と言うのです。

最も基本的なレベルでは、いかなるレッテルも単なる思考であり、単純な概念です。花だ、テーブルだ、iPodだ、スージーだ、ローバーだというように。すべてのものには、特有の名前やタグがあります。時に自分で思いつき、時にそれを学びとります。それはみなにとっての「周知の事実」であり、あなたの文化や言語の一部をなしています。しかし、そうした基本的なレッテルの上に、あなたはすぐさま、良い、悪い、正しい、間違っているなどという考えを付けたします。やがて、敵味方のレッテルを貼り、判断を下し、次のパーティーを計画し、ひいてはこのような概念に基づいて自らの人生設計をするようになるのです。そのレッテルときたらとてつもなく饒舌で、それらすべてが一緒になって説得力のある物語を創り出します。そしてその物語にいたく感動させられるあまり、それが出来上がった時に自分が果たした役割すら忘れ始めるくらいなのです。

例えば、あなたがある人に出会ったとします。あなたは「あたらしい隣人のサムはいい奴だ、本当にナイス・ガイじゃないか」と思います。ここであなたは「いい」というレッテルを貼ったのです。もちろんサム当人はあなたが何を考えているか知るすべもない。サムの外見的特徴ならもちろん見ることはできる。長身痩躯で、眼鏡をかけ、髪は茶色で短髪です。だがそこのどこに

「いい」と呼べるものがあるのでしょうか。サムの額にそんなサインなど出ていません。つまり「いい」というのは単なるあなたの思考にすぎないのです。初めてサムと出会った時に、なにかが引き金となって湧き上がったあなたの思考に過ぎないのです。

そういうレッテルを創り出してしまうと、何が起きるでしょう？　サムという現実の人物と、「いい奴」という概念が混ざってしまうのです。この二つの区別は曖昧になってしまいます。次にサムの姿を目にした時、自動的にいい奴だと思い込みます。突然、「いい奴」と現実のサムとの区別がなくなってしまうのです。あなたの新たな隣人は、今やそのレッテルを貼られてしまったのです。ある日、サムがなにか悪事を――金を盗んだとか、犬を殴っているとわかった時のあなたの驚きを想像してみてください。あなたは実存的危機に陥るかもしれません。善良なはずの人間がどうしてこんな酷いことができるのか？　しかし、ここでサムを「悪い奴」と呼ぶなら、あるレッテルを別のレッテルにすげ替えたにすぎず、何一つ明らかにできないのです。ただ新たなレッテルを作り、サムにそれを押し付け、それが現実だと思い込むだけなのです。

あなたが毎日作りだしているレッテルについて考えてみてください。こうしたレッテルがどのくらい自分に影響を与えていると思いますか？　ある人に対してどう対応するか、どう語るか、その人の交友関係や所有物、業績などをどう評価するか。それらすべてにこのレッテル貼りは影響を及ぼしているのです。そして私たち自身も同じような影響を被っているのです。もちろん、あるレッテルは他のレッテルよりも正確ではありますが、自分の予想を裏切られるようなことが起きたら、あわてふためき、不機嫌になるでしょう。完全に打ちのめされ、状況をコントロールすることも難しくなってしまうかもしれません。これらすべては、自分が貼ったレッテルと相手の貼ったレッテルが一致しなかったせいです。

なので自分の感情と関わる時には、このレッテルを取り除くか、レッテルへの執着をゆるめることが肝心なのです。その代わり、このレッテルは有効なものであると仮定するかわりに、疑問視する習慣を持ってください。たとえそう見えたとしても、そのレッテルに特別な地位を与える必要はないのです。たかだか一回そう思ったのか、重ね重ね千回もそう思ったのかは問題ではありません。レッテルが私たちに及ぼしている力について、その力が私たちの生活やコミュニティにどのように影響をもたらしているかに気づくことが大切なのです。

◎**私の感情はどのように変化していくのだろうか？**
**（見定めてみたい感情も含めて書きこんでみてください）**

・**怒り**を覚えた時、まずは何に気づいたか？
・これは**怒り**だと識別し、そのレッテルを貼ると、何が起きたか？
・感情にレッテルを貼ると、体験のあり方が変わったか？
・もし変わったなら、どこが変わったのか？　感情そのものか、感情への認知のありかたか？

・怒りが消えた時、どうやってそれを知ることができたのか？

これらすべては心の中で起きるので、あなた自身、いつでもチェックできる絶好の地位にあるわけです。数分でもかまいません、今やっていることを中断して、見つめてみてください。一日に十五分ほど割いて、リラックスし、以上の質問について考えを巡らしてみてください。これによって、困った状況から抜け出し、ほっとできるはずです。初めのうちはなかなか答えが出てこないかもしれませんが、心配はいりません。最も重要なことは、見つめる練習をすることです。続けていくうちに、だんだん容易くなっていくはずです。

## レッテルを手放す

自分の思考がどう働いているのか、どのようにレッテルを貼っているかを観察することで、上っ面の感情を超えた何かが見えてきます。人や物に何かのレッテルを投影したせいで、赤裸々な直接の体験を遠ざけていることがわかるのです。それは、あなたと世界とのはざまに一種の緩衝(かんしょう)地帯を作りだします。本当のサムを知ることはないし、自分についてサムに知ってもらう必要もない（サムもまたあなたにレッテルを貼っています。そのことをお忘れなく）。この傾向が過剰になっていくと、私たちは孤立していきます。他人からも切り離され、また自分のクリエイティブなエネルギーからも切り離されてしまうのです。

生々しい直接体験の感覚を取り戻し、命のエネルギーと再びつながるには、レッテルを乗り越えることが肝心です。レッテル貼りされた感情は、人工着色料や着香料がしこたま入ったジャンクフードのようなものです。未加工の生々しい感情より口当たりはよいかもしれませんが、カロリー価こそ高くても、ろくに栄養分が含まれていないのです。幸いなことに、感情は食べ物のように加工することはできません。その本質は、常にあるがままの姿で残されています。だから、いかなる瞬間であれ、新鮮な感情体験と再び接触することができるのです。

ちょっと探ってみれば、もともとの感覚がどんなものだったかわかるはずです。感情とは、初め、きわめて赤裸々な形でやってくるものなのです。正体を知らせず、何のレッテルもなく現れます。「怒りです」「情熱です」「なにかしらよいものです」などといったポップアップウィンドウはないのです。それは幼い子供の無垢なエネルギーのような純粋なエネルギー体験です。時にそのエネルギーは静かに眠っていて、微笑みながら目を醒ますのですが、一瞬後には興奮して泣き叫んでいるのです。

これはいったい何なのか、正面切ってどう対処すればいいのか皆目見当もつかないものの、なんとかそれを宥(なだ)めようとします。部屋一杯の騒々しい子供たちになんとか対処しようと思ったら、おもちゃを出したり、アニメのチャンネルを流したりして、そのエネルギーを抑え込もうとしますよね。

それと同じように、私たちは自分の生々しい感情エネルギーを、概念化されたパターンに分類しようとするのです。赤裸々な感情が現れでてきたら、すぐさまそれにレッテルを貼ろうとする。するとそれは微妙に変わってしまうのです。レッテルによって浸食された感情はなにか違ったものになっています。なすりつけた概念の片鱗（へんりん）を帯びるようになり、どこか作為的なものに感じられるようになります。いかなる感情であれ、それはもう初めに遭遇したさいの純粋な、まじりけのないものではなくなっています。いってみればもともとのコークとチェリーコーク（訳注　チェリーフレーバーがついたコーク）の違いのようなものです。確かにどちらもコークではあるが、同じものではない。チェリーコークを手に入れようとするなら、オリジナルのコークの味を変えなければならないし、そうしたら、それはもう、オリジナルのコークではなくなるのです。私たちはいつだって本物を――チェリーコークではなく、オリジナルの感情を求めるべきなのです。

◎ **感情が思考に影響を及ぼしていないだろうか？**

・誰かに怒っている時、嫉妬している時、強い熱情を抱いている時、相手に余計な特質を付与してはいないだろうか？

・相手の中に見える特質のうち、本当に相手に属しているものはどれくらいあるだろうか？　逆に自分が投影したにすぎない特質はどのくらいあるだろうか？（例えば、あなたは自分の義理の兄なり株式仲買人なりがあなたの利益を気にかけてくれる素晴らしい人と思い込んでいます。ところがその次の週になると同じ人を自己中心的な愚か者扱いしていることがありますよね。）

・怒りや幸福感は、自分の自画像を変えただろうか？

これらについて考えを巡らしてみてください

以上の質問について考えをめぐらし、それぞれの質問につき五分から十分程度かけて、答えを書いてみてください。一度に三つの質問に答えてもいいですし、一日に一問ずつ、数日かけて答えてもいいです。

オプション

それぞれの質問について熟考し、百四十文字で自分あてにツイートしてみてください。

あなたの思い込みが、レッテル貼りしたものが、物事の真のありようと一致していれば、すべてがうまくいくはずです。ところが物事はそんなにとんとん拍子にはいきません。それというのも自分に語りきかせている物語と、現実に起きていることの間に乖離（かいり）があるせいで、そのためにあなたは混乱してしまうのです。自分の描いた筋書きは完璧なはずなのにと思うかもしれませんが、問題はそこではないのです。もしあなたが自分の感情体験を理解しようと思うなら、また絶え間なく続いてきた葛藤を長い目で解決しようと望むなら、自分のレッテルを手放さなくてはなりません（少なくともレッテルをむやみに信じ込むのはやめるべきです）。感情というものは、人工添加物を一切加えず、あるがままに置く時だけ、その美しくも自然の智慧を明らかにしてくれるのです。

## 世代を重ねて混沌に至る

私たちはどのように混沌のなかに陥って行くのでしょうか。まずは自分がレッテルを貼ったそのもの自体（赤い薔薇や隣人のサムなど）とレッテルを貼った思考が一緒くたになって、第一世代の誤解が生まれます。それらがごちゃまぜになった中から、第二世代の感情と第二世代のレッテルが生みだされます。そして、このプロセスは重ね重ね繰り返されていくのです。第二世代は第三世代の基礎となり、すべてが複雑に入り組んでいってしまう。こうなると、もともとの体験と数世代を経た体験とを比べてみると、まったく似ていないことになるのです。結局のところ、なんら理解が進まないまま、いつまでたっても手に負えない感情と格闘するしかないのです。自分の真の感情と触れあえないばかりか、そもそも何が問題なのかわからないままなのです。

中国の四川省に、言い争いが絶えないことで悪名高い市場があります。二人の人間が口喧嘩を始めると、野次馬が現れてどちらかの側に加勢する。この二人がどうして喧嘩し始めたのか、その理由もわかっていないのにです。両者ともなんとか相手をやりこめようとします。口喧嘩を始めた当の二人がくたびれて帰ってしまった後も言い争いは続きます。争いはどんどん広がり、さらに多くの人々がそれぞれに加勢し、怒鳴り合い、腕を振りまわす。後から加わった人々が帰ったあとも延々と口喧嘩は続きます。きっかけは何だったのか、あるいは誰が始めたのかわからないまま、争いだけが延々と続いていくのです。

感情というのはまさにこれと同じです。私たちはただ、それを認識できずにいるのです。私たちは、感情がずっと同じものだと思い込んでいます。悪意や頑迷(がんめい)さといったものは初めから終わりまでずっと変わらないものだと。それがいかに長々続いていようと、またいかに多くの第三者が愚にもつかないたわごとを付け加えようともです。つまるところ、自身で自分の感情と向き合い、その欺瞞(ぎまん)を見抜くことができるまで、自分が貼り付けたレッテルや概念は、混乱をもたらし続けるのです。

つらつらと考えてみると、こうしたレッテル貼りはなんの役にも立っておらず、そんなものに頼っても無駄なことに気づくはずです。唯一の例外が、感情とともに立ちのぼる最初の思考です。例えば、怒りというものをまざまざと味わい、そこに「私は今怒っている」という概念のレッテルを貼ったとしましょう。この場合、感情の特定に、またそうした感情を手に負えなくなる前に手放すのに役に立ちます。こうした直截的な、疾い思考は、自分の感情を明確にし、理解する手助けをしてくれるのです。けれども、思考の暴走を許し、雑念に雑念を重ねることをやり続けると、オリジナルの感情とのつながりが失われ、混沌のなかに陥ってしまうのです。

こうしたお決まりのパターンから脱却しようにも、徐々にしかできません。すぐさま完全になってのけられるなどと考えないでください。感情への向き合い方やアプローチの仕方を段階を踏んで変容させていくしかないのです。もちろん、初めから「感情は実のところ、無価値なゴミやリサイクルできる廃棄物などではなく、クリエイティブなエネルギーである」というアイデアを取り入れることもできます。これは確かに魅力的な理論ではありますが、個人的体験によって裏打ちされていなければ、単なる知的な概念に過ぎません。そこに至るまでに時間が必要ですが、ふさわしい大きなリターンを得ることができます。ひたすら続けていけば、これまでなら慌てふためいていた状況においこまれても、驚くほど冷静沈着でいることができるようになるのです。

それだけでなく、素晴らしい副効果ももたらされます。感情をあるがままの姿で見ることができるようになると、それによって自分の本源的な思いやりの心とつながりやすくなるのです。

◎自分に問いかけてみましょう

**自分の思考と感情はどのように相互に干渉しあっているのだろうか?**

瞑想をやったことがあるなら、思考の存在を認識するというテクニックについてよく知っているかもしれません。これはごく容易な行であり、マインドフルネスの力を磨くのに効果的な方法でもあります。やるべきことは自分の心をじっと観察し、思考が浮かんできたらただそれに気づくだけ。思考の存在を認識したら、自分に「考えている」と告げ、次にその思考をも手放し、再び自分の心を注意深く観察しはじめるのです。

思考の認識の行を、さらに活動している感情にまで伸ばしていく時も、同じように自分の心の中身を観察します。今度は感情と思考の両方を観察していくのです。ポイントは、あなたの心を通り過ぎていく思考や感情の存在をフェイスブックの自分のページの写真にタグを付けるように認識することではありません。これはこれで通常の瞑想の練習で役に立ちますが、ここではちょっと違うことをやってみましょう。自分の心の中の思考や感情の存在のみならず、**思考と感情がどのように互いに作用しあっているかを見るのです。あなたの感情や思考は、どのようにコミュニケーションをとりあい、影響し合っているのでしょうか?**

このような「思考の精査」を実践するために、自分の心を静かに観察する時間を少々設けてみてください。座り心地の良い座に、背筋はまっすぐ、けれどもくつろいだ座法ですわってみてください。まずはポジティブな心の状態で、――つまり、何かポジティブなことを考えたり、心を高揚させてくれるような望みや願望をもって、この行を始めてみるのがよいでしょう。

まずは快適な形ですわり、それから心をリラックスさせて、自分の考えが行き来するのをじっと観察してみてください。思考には手をくわえないでください。なんらかの考えが心に浮かんできたなら、その中身や性質に注意しながら最小限のレッテルを貼ります（**ああ、これは不安だ。俺ときたらまた仕事の面接のことを思い出してしまった。頭ががんがんしてくる**）。レッテルを貼ると言ってもごくシンプルに、そしてマインドフルネスを保ち、注意を払い続けるのです。基本的に、あなたは何もしないのですが、自分の心の働きに慣れていくのです。しばらく続けるうちに、一歩下がって自分の思考プロセスの全体像を見渡すことができるようになります。自らに問いかけ、なんらかの感情が生じ、レッテルを貼るまでの感情の道筋を探求することができるのです。

思考観察のプラクティスの詳しい方法については、本書第二部一五一頁「思考をキャッチしてみましょう」をご覧ください。

# 第七章　思いがけない贈り物

優しさは、耳の聞こえない者でも聞くことができ、
目の見えない者も見ることのできる言葉である
——マーク・トゥエイン

まだ少年だった頃の話、師匠の一人から蛇という驚くべきプレゼントをもらったことがあります。鮮やかな緑色の長い蛇で、背には四弁の花びらを思わせる赤い模様があり、なんとも美しい蛇でした。蛇はガラスの箱に入れられており、友人の手で届けられたのですが、まず告げられたのは「餌をやる時は気をつけろよ。これ、毒蛇だから」でした。

私が顔面蒼白になったためか、友人はさらにこう付け加えました。「心配ないよ、毒は抜いてあるから、もう害はない。でも、用心してくれよ。こいつはとても攻撃的なタイプなんだ。俺がどんな目にあったか見るがいい。」友人はそう言うと、掌(てのひら)に残った大きな傷跡を見せてくれました。餌はどうするのかと聞くと、インド産のひよこ豆の粉か何かが入った小袋をくれ、それを牛乳に溶いて食べさせればよいとのこと。そして、どのようにして箱を開け、蛇を取りだし、持ち

上げ、餌をやればいいか説明してくれたのです。私としては「それは、どうも」と応じるしかありませんでした。そう返事するしかなかったのです。なにせ師匠がわざわざこの蛇の世話をするようにと私に贈ってくれたのですから。そうはいっても、実のところ、私はこの蛇が怖くてなりませんでした。

家に蛇を持ちかえると、母は腰も抜かさんばかりでしたが、師匠のことはとても尊敬していたので、本気で怒りはしませんでした。家の誰もが私の部屋にいる蛇を一目見るや、大騒ぎしたものです。長いあいだ蛇は私が餌をやるために手をさしいれて取り出そうとするたびに、噛み付こうとしました。それも毎回です。蛇と良好な関係を築くにはしばらく時間がかかりました。でも徐々に、蛇を刺激したり、脅したりせずに、手をさし出す方法を習得し、ただ持ち上げさえすればよいようになりました。このテクニックを習得すると、蛇はとても穏やかになっていったのです。

毒蛇に餌をやり、毎日世話をするためには、ある種の信頼関係を築いていく必要があるように、怖くて手に負えない感情であっても、共感を伴うつながりを感じていく必要があるのです。「感情のレスキュープランの三ステップ」は、単にテクニックを教えるだけの――失敗せずにすむ実践のテクニックを教えるためだけのものではありません。こうした感情をかかえたゆえに私たちが体験せざるをえない痛みや苦しみを緩和する方法を見つけるものなのです。私たちを傷つけかねない感情、驚愕(きょうがく)させ、脅かし、噛み付いてこようとする感情を扱う時、ただ慎重であるだけでは十分ではありません。私たちは自分自身に、そして自分が体験していることにも意識を払う必要があるのです。特に辛い目にあっている時には、自分にちょっとばかり慈愛と思いやりを持つべきなのです。もちろん、他人のことも考えるべきでしょうけれど、自分に優しくできなければ、他の人に思いやりを持つことなどできるはずもないのです。

## あなたはあなたであってよい

感情の危機に瀕(ひん)している時に、何よりも大切なのは自分に思いやりをもつことです。真の思いやりは、いつだって歓迎されるものです。それによって良い結果が――しかめっ面が即座に笑顔に変わるようなことが起きると期待していいのです。思いやりを持てるというのは、良い意味で礼儀正しいということです。相手がくつろぎ、快適な気分を味わえ、おおもとで尊重されていると感じられるようにすることです。それは誠実で、心がこもっており、慈悲深く、恵み深いものです。手に負えない感情を扱う難しいプロジェクトに関わっている時には、自分自身にわずかであれ思いやりを見せることを忘れないでください。

それはつまり、自分の日々の生活との闘いに、ある程度の共感と正当な評価を持つことを意味します。感情との付き合い方を変えようと頑張りつつも、自らを休息させるのです。戦場の敵かのように自分の感情と対峙し続けるなら、どうやってそのクリエイティブな遊戯(ゆげ)を正しく評価することが、その中にある智慧を見出すことができるでしょうか?　ここでやろうとしていることは単純ではありますが、簡単なことではありません。時間をかけて、多大な努力を注ぎ込まなくてはならないのです。つまり、あなたはそれをやり遂げようとする意志を認め、それを維持していかなくてはなりません。そのためには背中を叩いてねぎらってあげればいいのです。あせることなく、気楽にやっていけば、すべてのプロセスはずっとうまく流れていくはずです。

考えてみれば、思いやりというのは常にリラックスが伴うものです。もちろん、例外はあります。不快な真実を突き付けることが相手への一番の思いやりになることもあるでしょうし、思い込みぬきで、鏡に映った自分の顔を見る時もそうです。思いやりとは、いつもイエスと言うことでも、美辞麗句を並べることでもありません。しかし、それがどのような形をとるにせよ、決して否定したり、中傷することはありません。そのメッセージはいつでも同じです。「あなたが今どんな体験をしていようと、あなたはあなたでよい、あなたがそうである人物であっていいのです。」

自分の感情を他の人のそれとひき比べてどうなのかなどと気にしなくてよいのです。そんなことはわかるはずもありません。誰もが唯一無二の存在であり、自分なりの神経症を患っているのですから。肝心なのは、あなた自身の体験であり、あなたがそれをどう考えているかです。自分には正直であるべきです。しかし、あなたが遭遇している状況がいかに困難に見えようとも、それがあなたという存在であり、それに対処しないといけないのもあなた自身なのです。他の誰もあなたの代わりをしてはくれません。あなたが出遭っている特別な感情の課題に対処できるのはあなたしかいないのです。でも、それでいいんです。みなそれぞれ過剰な反応をし、煩い、奇妙奇天烈な考えを抱くのです。しょいこんだ荷物に良いも悪いもなく、ただそれはあなただけのものなのです。それと向き合わないといけないのはあなた自身であり、その意味で、あなたが何者であろうとOKなのです。

自分の感情と向き合った結果として、このように悟るはずです。「自分は自分でいい。」改善された新しい自分など必要ないのです。感情的なもつれや失敗があっても、真の自分になるために欠陥をとりのぞいたり、再プログラミングしたり、デバッグしたり、置き換えたりする必要はないのです。自分を苦しみと混乱の中に陥れる習慣的パターンを変容させようと試みる時、こうしたパターンは本来の自分ではないことを思いだしてください。これらパターンは、あなたの感情の本質ではないのです。これらはその場かぎりのアイデンティティーのようなものです。怒れる上司、嫉妬深いボーイフレンド、心配しすぎの親といったように。しかし、どのような仮面をかぶろうと、そこにはとてつもない智慧とパワーとエネルギーが秘められているのです。だからこそ、自分が見失ってしまった、捨てた、見過ごしていたクリエイティブなエネルギーを、幸福と喜びをいつも取り戻すことができるのです。

自らを「レスキューし」、取り戻した後に何が起きるのでしょうか？　習慣的パターンの支配から解き放つことのできたクリエイティブなエネルギーのすべてを用いてあなたは一体何をするのでしょうか？　ここに至るまで費やした時間と関わりに見合うものは何でしょうか？

## 妨げられることのない人生

感情とのあいだに誠実で明らかな関係を築けるようになると、自分の感情をより知ることができるだけでなく、自分がどういう人間かも理解できるようになります。「マインドフル・ギャップ（隙間を意識する）」「クリア・シーイング（明晰に観る）」「レッティング・ゴー（手放す）」を実践していくうちに、不安や怖れ、レッテル貼りといったものから解き放たれた感情は、幸福や創造性、思いやりへとつながる人間の広大な潜在的エネルギーの現れであることが認識できるはずです。

ペットにした蛇の飼い方を学んだ時もそうでした。初めのうち、蛇はいつでも噛み付こうとしたため、その扱いには神経質にならざるをえませんでした。でも、私が蛇におびえなくなりリラックスできるようになると、蛇も私に対してリラックスしてくれるようになったのです。余計な心配をせずに蛇と接するすべを学ぶや否や、蛇も私も悪くない時間をすごせるようになりました。その時ようやくこの蛇がいかに美しい生き物なのか、手に入れた贈り物がいかに素晴らしいものであったのか理解し始めたのです。

あるがままに置くことができるなら、感情はそれは見事な芸術作品のようなものです。いくら見ても見飽きることがなく、その彩りやエネルギーや動きは、時にはそれが完璧な沈黙であっても、私たちを惹きつけます。感情は言葉を越えたレベルで私たちを揺り動かすのです。そして、深い普遍的な意義と成就の源へと私たちをつなげてくれるのです。

私たちは、アートのなかに刺激的なヴィジョンや真正の感覚の現れを見つけることができます。しかし、そのような天分は「あちら側」に属するものであり、われわれが「アーティスト」と呼んでいる人々の高尚きわまる壁の中やDNAの中に存在しているように見えることが多いのです。自分たちに同じような輝ける才能があるなどとは思いもしないのです。自分にはそんなことなんかできっこない……。けれども、自分の感情の力を見出すのは、自分の「内なる炎」を見出すことであり、それを巧みに使うすべを学ぶのと同じことなのです。無力感や奪いとられた感覚を味わう代わりに、心に安らぎを、人生を優雅に尊厳をもって生きることができるのです。

習性化した癖というハンディキャップ（とネガティブな感情という重荷）から解き放たれた時、あなたは自由に自分らしさを開発することができるのです。これまであなたの足かせとなっていたエネルギーは、今やあなたを前進させる力となってくれます。これからは、あなたがどんな道を選ぼうと、どうしてこんなことになったんだと悩んだり、怯えたり、混乱したりすることも少なくなります。

「レスキューされた」クリエイティブなエネルギーの潜在力を正しく認識するとはつまり、自分のユニークな体験や才能を評価し、探求し、それを新しい表現にふりむけられるということを意味します。純粋な情熱を、生産的で意義ある生活への真正なヴィジョンを自由に見出せるようになるのです。そうはいっても、急に「私たちは誰しもアーティスト」なのだから、床掃除や洗濯もそのままアート作品になるなどと主張するつもりは毛頭ありません。もちろん、こうした日常の雑事であれ、注意深く、芸術的に行うことはできます。しかし、最も大切なことは、自分によりよいヴィジョンをもたらしてくれるポジティブな注意ぶかさを伴った明澄な心を持てることです。これによってあなたは自分の人生と周囲のすべての美と豊穣さの輝きを目にすることができるようになるのです。全体像のどの部分であれ大切なのです。すべての局面は、全体の中の意味のある一部なのです。

## 他者の生活

全体像というものは、遠くから一歩ずつ歩を進めることで見えてくる場合もあれば、マインドフルネスの一瞬によって浮かんでくる場合もあるのです。あなたは今のこの瞬間を、この一歩を、そして通り過ぎゆく世界を見るのです。そして見るものすべてと自分がどのように結びついているかに気づくのです。このことを明確に認識すればするほど、自分の行動のすべてがこの世に直接影響をもたらしていることがわかるようになるのです。行動にはいつもなにがしかの結果が伴います。人を傷つけるような言動は波紋を広げ、その影響は遠く離れた場所にも及んでいきます。同じように、思いやりのある言葉と行動は、ポジティブで高揚したメッセージを目の届かない場所まで届けてくれるのです。

自分の行動が引き起こした影響に注意を払うことは、他者への共感を培うきっかけをもたらします。他人の苦闘をまざまざと感じ取れるようになるため、自ずと慈悲の心を持てるように、いいかえれば「共に苦しむ」ことができるようになるのです。慈悲というのは「おや、それはなんとも遺憾なことだね」といったお手軽な感情ではなく、他人の苦しみをなんとしてでも軽減してあげたいと願う強い反応なのです。それは利他の熱い思いであり、ただ感じるだけでなく、そのために行動に出ることを誓約するものです。それは、あなたを感情的に遮断された世界から、渾沌(こんとん)とした、だが楽しい喜びに溢れた人間関係へと連れ出してくれるのです。

他人に対してそのような純粋の慈愛の心を育むには、自分と自分の幸福に対しても同じような思いやりと慈愛ある配慮を持てなくてはなりません。つまり、自分に対してであれ、他人に対してであれ、いつでも思いやりの心が必要なのです。それは爆発しそうな感情をときほぐし、ポジティブな感情を強化するのに役立ちます。これによって、あなたはより幸せを、安心感を覚えられるようになり、自分の人生をよくコントロールできていると感じることができます。そして、それは自分の心の安らぎだけでなく、周囲の環境の平和を育むことにもつながります。

思いやりの心というのはさほど注目を集めない資質です。思いやりの心があったとしても、テレビに出られるわけでもなければ、富や名声を得られるわけでもない。私たちが普段思っているように、思いやりの心は素晴らしい資質ではあるけど、勇気やヒロイズムのような例外的なものではない。誰だって、たとえ幼い子供であっても、親切にすることくらいできるはずと私たちは考えています。しかし、本当の思いやりとは、非暴力の原則と私たちを結び付けるものなのです。私たちはそれについて考えを巡らし、何があっても誰ひとり傷つけることなく生きようという勇気ある決断を下すのです。それはたぐいまれなる、完璧に利他な見解です。時にそれはただ他者に害を与える行為をひかえるだけのことかもしれません。でもそれだけでも立派な行動といえます。時に、思いやりに基づいた行為は、変容をもたらします。それは悪い雰囲気を良いものに、破壊的な衝動を友好的な利他のジェスチャーに変容させることができます。顔を平手打ちする代わりに、握手を。敵の代わりに、友を。

この思いやりの心は二つの方法で培うことができます。まずは自分も含め誰も傷つけまいという意志を持ちます。次に、さらにもう一歩進んで、すべての行動をポジティブな形にしようという意志を持ちます。ただ単に苦しみや痛みを与えないだけでなく、すべての行動（それが身体的なものであれ、言葉によるものであれ、心の動きであれ）を、建設的で役に立つものにするため、真摯（しんし）に努力するということです。それを二十四時間試してみてどうなるか見てみましょう。ネガティブなものの重荷から——あなたにとってそれがなんであれ——解放されるのがどんな気分になるものなのか、確かめてみてください。私たちの多くは願っている以上に（あるいは思っている以上に）ネガティブな感情を持ち続けています。二十四時間の間それを打ち捨てることができれば、完全にリラックスして一昼夜、十分に楽しむことのできた自分に気づくかもしれません。

ここで大切なのは、そうしたふりをするだけではだめだということです。これは、最も素敵な笑みを見せ、最も美しい言葉を並べることのできた人が勝ちというゲームではないのです。私たちは思いやりの心の一番深い部分とつながり、人生を楽観的にとらえ、世界に小さな喜びをもたらすすべを見出そうとしているのです。もちろん、二十四時間ずっとポジティブであり続けるなどということは期待できませんが、高い目標を設定して、どこまで到達できるか見ることはできます。これら二つのことを、つまり思いやりの心を保ち、ポジティブであると同時に真摯に努力できれば、あなたは内なる力と自由を手中におさめることができるのです。それらはあなたの行動すべてを通して輝きだし、時とともに強まっていくのです。

## 二十四時間、思いやりの心の実践

この実験を成功させるためには、ひとつ自分に約束する必要があります。いつもながらの古い性癖に屈したりしない、言葉の銃をひき抜いて、すぐさま発砲するような真似をしでかさないと。一旦足をとめて、数分を費やして思い出すのです。

（a）自分には選択肢がある。

（b）自分の決定したことは、必ずなんらかの結果をもたらす。

なんらかの行動に出るか、発言する前に立ち止まって考えないと、後になって自分にこんなふうに愚痴る羽目になるかもしれません。「なんてことだ。こんなことを口走るつもりじゃなかったのに。おかげでこんな報いをうけることになってしまった。」この世には取り返しのつかないこともあります。いくら後悔して謝っても、一旦壊れた関係を修復したり、裁判沙汰から逃れられないこともあるのです。

自らを表現するなと言っているのではないのです。ただその過程で誰かを傷つけたり（あるいは自らの力を削いだり）することのないようにしましょう。まわりにちょっとした気遣いをみせることができれば、もっとオープンな雰囲気を醸し出すことができ、相手もより受け入れやすくなるはずです。そうすれば、繰り返し襲いかかる悪夢に呑みこまれる代わりに、あなたは新鮮で明澄な空間に留まることができます。ここでなら、コミュニケーションも可能です。

誰もが自分を悩ます悪夢から逃れたいと願っています。そうすれば人生を転換して、よりポジティブな方向へ向かうという夢が実現できる。私たちは怖れや痛みをただ抑圧するのではなく、生きることのシンプルな喜びを感じたいと熱望しているのです。では、その夢を生きられるよう試みてはどうでしょうか？　ただ想像してみるだけでも、しばらく元気がでるはずです。まったく成功しないかもしれないし、逆にまる一日成功するかもしれない。いずれにせよやってみなければ、どうなるかわかりません。それが昔からの常識なのです。

◎ **自分に問いかけてみましょう**

**自分のポジティブな、あるいはネガティブな態度は自分の感情にどのような影響を与えているのか？**

自分の態度が感情にどのような影響をもたらしているか知るために、自宅や職場でこの簡単なエクササイズを行ってみてください。

一、まる一日、ポジティブで楽観的な態度を保つよう試みてください。自分にも他人にも、いらぬ痛みや苦しみや混乱を与えまいという意志を持つのです。

・それを誓約の文章にして書き記し、枕元に置いておきましょう。

一日の中でいつ失敗しようとも、それはそれでかまいません。くよくよしないでください。深呼吸をひとつして、ポジティブな意志をとりもどせばいいのです。

二、一日の終わり、眠りにつく前に、自分の行動を振り返り、何があったか省察してみてください。自らに問かけてみるのです。

・一日のあいだにどのくらいポジティブな態度を維持することができたか？
・自分の態度はどのくらいの回数変わったか？
・ポジティブな態度を維持できなかった時（あるいはちょっとシニカルな、悲観的な気分になった時）、自分の感情は変わったか？
・人への話し方や、それに対する人の反応に違いがあっただろうか？
・あとで見返すことができるようにメモをとってください。

エクササイズがあまりにも簡単そうにみえたとしても、一回か二回はやってみてください。時に、自分を変えるなんてやめてしまえという考えが脳裏を横切るかもしれませんが、実のところ、これはあなたのやっていることに効果があったことを示しています。

このエクササイズを試みている時、つまり自分をポジティブに保とうとしている時は、何をするにしろ、どんな言葉を発するにしろ、その前に、心の中にある考えを意識しておくといいかもしれません。例えば、あなたはバリスタにチップを渡す前にすでに「一ドル」と考えています。もうすぐ義理の母になるはずの人におべっかを言ったり、怒鳴ったりする前に、あなたの思考はすでに彼女にお世辞を言ったり、叫んだりしているはずです。ですから、まる一日のあいだ、なんらかの行動に出る前に自分の思考を見つめてください。露骨なものなら易々と見分けられるでしょうけれど、もっと隠れたものもチェックしてください。そうしたものがどんな悪さを引き起こすか、あなたもわかっているはずです。

このエクササイズは、無用の、時には自分でも意識してない性癖を自覚し、よりポジティブな選択肢を徐々に取れるようになることを目的としています。まる一日をこれに費やすのは長すぎるというのでしたら、一定の時間、特定の人を対象にしてやってみてください。たとえば、チャリティーのための寄付を求める電話がかかってきて、いくら断ってもしつこく食い下がってくる場合などです。そして徐々にやってみる相手を増やし、時間を費やしていくのです。一週間のあいだ、職場の同僚に対してポジティブな態度をとってみるのはどうでしょうか？

## ポジティブであることの力

本書が述べる「感情のレスキュープランの三つのステップ」は、なにも完璧な人生をおくろうとか、まったく苦しみのない人生をおくることを目指すものではありません。つまるところ、人生は人生、チャレンジもあれば謎もある、喜劇もあれば悲劇もある。嵐の吹きまくる日もあるけれど、荒れた天気のあとには太陽が顔を出すことを私たちは知っています。

自分のパターンを越えた世界を見ようとするなら、ポジティブな見解を持つことは助けになります。それは、単にネガティブな、あるいは悲観的な態度をひっくりかえしたものとは違うのです。別に人生はバラ色だと思い込むのではなく、なにをすべきか明確に見えてくるのです。それを成し遂げるのがいかに大変かに拘泥（こうでい）するのではなく、感情が持っている強烈なエネルギーの中に可能性と潜在力を見出すのです。怒りの中の輝ける澄明さ、嫉妬の中の満たされた思いと寛大な心、渇愛の中の純粋なあわれみの心と慈愛など。心の動揺や、疑念や自信喪失、そういったものの中核にも良いものがたくさん備わっているのです。マイナス面ばかり見たり、その動きから目をそらしてしまうと、多くのことを見逃してしまうでしょう。

ポジティブであるとは、態度や思考のあり方のみを指すのではありません。それは言語表現を超越した力です。折々世界の中でその力を感じ取ることができます。どこかでひどくポジティブなこと（あるいはネガティブなこと）が起こると、その場所が目に見えてエネルギーを帯びたように感じられるのです。この地球上にはそのようなスポットがたくさんあります。聖山、古代の寺、巡礼の聖地など、安らぎや癒し、覚醒といった非日常的な出来事を望む人々をひきつけてやまない場所です。

マチュピチュ遺跡やストーンヘンジ、エルサレムの聖地、エジプトの大ピラミッド、ブッダが悟りを開いたといわれるインドの菩提樹など、時代を超えた神秘のスポットに毎年多くの人が集まってきます。しかし、ただ崩れかけたレンガや古木を見るためだけなら、わざわざそんな旅に出かける人がいるか怪しいものです。そこでかつて起きた一連の出来事が、なんらかの超越的なクリエイティブ・エネルギーが出現したことが、今なお世界を感動させ、人々の心をゆり動かしているに違いないと私は確信しています。人を引き付けるのは、なにも物理的環境に限らないのです。内面的な体験を感じられるかなのです。

同様に、自らの意図と行動によって自分たちの人生にポジティブなエネルギーをある程度作り出すことができれば、自分達もポジティブな影響を与えることができます。そのポジティブさが十分に強ければ、自分でもその恩恵を受けられるだけでなく、他の人もそれを感知することができるのです。それは、安らぎや開放感、喜びとして感じられることでしょう。こうした類のパワースポットやそれがもつ魔法の力については聞いたことがあっても、それがまさに自分の中に秘められていることに、自分では気づいていないのです。私たちに必要なのは、これを見出し、それを育てることなのです。

ネガティブな感情を即座に残らずポジティブな力に変容できれば、それは実に素晴らしいことですが、非現実的な話でもあります。自分にあまりにもプレッシャーをかけすぎると、自分で自分を痛めつけるというお馴染みのパターンに逆戻りしてしまいます。そうではなく、些細なことから、一つの習慣から始めるべきです。そしてそれを良い形に変えていくのです。それがうまくいったなら、次の習慣、またその次の習慣と進んでいく。それこそが、あなたがより幸福になれる道であり、より容易い方法なのです。

## そこには喜びがあるはずだ

ポジティブになればなるほど、この変容のプロセスに、感情のレスキュー・プロジェクトに熱心に取り組むことができるようになります。実際のところ、そこにはある種の喜びが求められるのです。自分の心と取り組むことにやりがいがあると思わないといけません。自分の心を新たな手法で探求したり、別の角度から見ることは素晴らしいことではないでしょうか？　染みついた自分の習慣にうんざりしていませんか？　そのうち自分がどうすれば変われるか、どうすれば一つずつ習慣を変えられるかわかってきます。もし、ある種の熱意を持てるようになれば、そのプロセスを楽しむことだってできます。そうすれば、それは重荷ではなくなり、プレッシャーにさらされることもなくなるのです。「ああ、これをすませておかないと。さもなければ誰かがカンカンになることだろう。」「これじゃ地獄に墜ちる羽目になる。」そんなことを悩む必要はありません。ただ一歩ずつ、できることだけをやっていけばいいのです。分析しすぎず、無理もしないでください。一度にすべてを達成する必要はないのです。脳裏にネガティブなことが横切ったら、笑顔と優しい言葉ではね返してください。とにかくやってみることです。

　どんな状況であろうと、自分に思いやりの心を持つことができれば、自らの智慧と慈悲心に目覚めるきっかけになります。やがて、すべてが自然（じねん）に流れていく境地に達することでしょう。感情が爆発しそうなざわめきが聞こえてきても、それまで学んできたことすべてを実行にうつす準備はできているのです。一瞬にしてエネルギーを感じ取り、それを保持し、直截にそれを見るのです。全体像が見通せるまであなたのヴィジョンは広がってきます。あなたは自らの感覚と、心身とつながり、リラックスし、すべてを解き放つのです。ただこの流れにそって進んでいっていけばよく、「まず何をするんだっけ？　次は？　そのまた次は？」などと立ち止まって考える必要はありません。ちょっとした物狂いを湧き上がるインスピレーションに変容させるためには、どのようなステップを踏めばいいか、あなた自身わかっているはずです。

　感情反応というのはダンサーの跳躍やスピンのように揺れ動きやすいものです。たとえその見てくれが悪くても気にする必要はありません。逆によく見えても、あまり自慢しないでください。夢の中でそうであるように、人生においてはすべてがうつろい、変容していくのです。あなただって次の瞬間には変わっているかもしれません。それは感情が提供してくれる再生のギフトです。だから、冷静に、オープンな状態に留まってください。心を鎮めて、自分に正直になってください。自分をなにか別の人、別の存在のように見せかける必要はないのです。ただ、あるがままの自分であり、そこに留まるのです。夢のような感情と戯れ、それを愉しむのです。それを全身全霊で、なおかつ注意深く行うのです。

## ◎評価してみましょう

自分はうまくやれただろうか?

週に一度、評価してみましょう。まる一日過ごす中で、自分の意図を一貫して覚えていられましたか? いろいろな感情が次々に湧いてきたこと、その中でも最も極端な感情は何だったか思い出せますか? もし、そのことを忘れていたり、集中力や決意を欠いていることに気づいたなら、これまでやってきたエクササイズや、自分が定めた目標を見直してみてください。目標は明確で、はっきりしていればしているほど、達成できる可能性は高まるのです。

気が散ること自体を活用してみましょう

日常生活の中で私たちを取り巻く環境は常に移り変わっているため、今この瞬間に留まり、注意深くあることは困難をきわめます。私たちの意識は、周囲で起きている出来事や、絶え間なく自分の中を通り過ぎていく思考や感情の流れに、小突き回されています。これがすなわち気が散る、つまり意識が今この瞬間から逸れてしまうことなのです。通常私たちは後になってそのことに気づきます。しかし、あなたはこれを逆手にとって、自分のために活用することができます。いつでも、どこでも、マインドフル・ギャップ（隙間を意識する）の実践ができるのです。エレベーターを待っている時であろうと、スターバックスの列に並んでいる時であろうと、テレビドラマ『ＣＳＩ：科学捜査班』でＣＭが流れている間であろうと、信号が変わるのを待つ間であろうともです。なんであれ、一旦立ち止まって自分をチェックするためのリマインダーとして用いることができるのです。「私はいったいどこにいるのだろう？　何を感じ、何をしているのだろう？」　携帯電話のアラームが一日に一回か二回鳴るか振動するようにセットし、それを有益なリマインダーとして用いて、その瞬間、自分の心を見つめ直すのです。

やってみましょう

次週に

・少なくとも一日一回は、マインドフル・ギャップの瞬間を持とうと自分に約束する。
・起床時と就寝時に、その意図を強めてみてください。
・誰かにむかついたり、腹が立ったなら——そもそもあなたはよくその相手に堪忍袋の緒が切れるような目にあわされているわけですが――マインドフルネスでもってその瞬間をとらえ、二人の交わりの中に思いやりの感覚を持ち込むようにします。

## 実践編　エクササイズとアドバイス
### ――さらなる訓練のためのノート

このセクションでは、ＥＲプランの三つのステップを成功に導くためのマインドフルネス・エクササイズとアドバイスを多数紹介することにします。それぞれのエクササイズは、マインドフルネスの習慣を強めるだけでなく、あなたの観察力をより精密に、かつ効果的なものにしてくれるでしょう。

自分にふさわしいどのような形のマインドフルネスのトレーニングを行うにしろ、人生において「今ここ」にあることが肝心です。いかに感情的にゆれ動いていても、今ここに、心身とともに留まる必要があるのです。自分の思考をはっきりとさせたいと願うなら、自分の見るもの、聞くもの、感じていることを明確にしたいと望むなら、マインドフルネスこそがあなたの最大の味方となってくれます。感情を扱う三つのメソッド（マインドフル・ギャップ、クリア・シーイング、レッティング・ゴー）すべてにマインドフルネスの習慣は欠くことはできません。どこにいようとも、何をしていても、自分の心を、行動を見つめることはできるのです。さらに自分の周囲で何が起きているかを観察することもできます。感情のエネルギーを感じ、呼吸し、リラックスし、そしてそれを手放すことを覚えておいてください。

最初の一連のエクササイズの「マインドフル・ギャップ（隙間を意識する）――見る」は、主にステップ一と関連しています。これらのエクササイズは、あなたと、あなたの自身の個人的な感情体験に焦点を当てています。第二の一連のエクササイズの「クリア・シーイング（明晰に観る）――探求する」は、主にステップ二と関連しています。これは焦点をあなたの外側にひろげて、あなたの人間関係やコミュニケーションの選択肢も含むようになります。三つ目のエクササイズの「レッティング・ゴー（手放す）――リラックス」は、主にステップ三と関わっています。これらのエクササイズは、あなたの環境体験と知覚体験を、また感情的なストレスをどのように解き放っていくかを探求します。

これら三セットのエクササイズのそれぞれは、三つのステップのうちのどれかを強調しがちですが、このエクササイズをやってみると、自分があちこちのエクササイズに移動していることに気づくかもしれません。ERプランのステップ一から始めていたはずなのに、エクササイズの最中にステップ二に移っているかもしれない。あるいは、そのエクササイズのタイトルが示す特定のステップに留まる代わりに、ステップ二から三へ移ってしまうかもしれない。こうしたことはあなたの体験次第、あなたの考え次第ですが、何が起こっているのか自分でも気づきながら進んでいくとよいでしょう。

どのエクササイズであれ、意識を集中し、観察し、見ることが求められます。でも何を見るように求められているのでしょうか？　自らを、自らの性癖を、自らが感じていることを見るのです。これらをじっと観察することで、自分に不幸をもたらすであろう感情的な性癖から自らを解放するさい、活用できるような貴重な知識を得ることができるのです。もちろん、自分に幸福をもたらしてくれるような感情の性癖なら保ち続けていいのです。その違いは、あなたにもわかるはずです。

それぞれのエクササイズを始めるにあたっては、その解説と指南書をきちんと読んで、何をするつもりか、その意図をしっかり定めてください。

「毎朝、自分の子供／犬／パートナーに苛立っているけれど、その感情体験を見てみよう。マインドフルネスをもって見つめ、なんら相手に反応しないでいれば、その感情がどう変わっていくか見てみたい……」このように決めた意図は心にしっかり保持し、エクササイズを続けていってみてください。

# 第八章　マインドフル・ギャップ――見る

## 見る――キッチンでのマインドフルネス

これから一週間、日常生活に身をおいてマインドフルネスを実践する方法を一つか二つ選んでみください。具体的な方法を選んだほうが、やりとおせる可能性が高いでしょう。曖昧なもの、たとえば「私は一日中マインドフルネスの状態を保つことを約束します」などと口走るより、食器を洗う時の方が簡単にマインドフルネスを実践できるのです。漠然としたことを実行するよりずっと簡単です。まずは月・水・金の三日間、食器を洗う際、マインドフルネスの実践をすることから始めてみます。この仕事の細かな点に注意を払ってみてください。

・今のこの瞬間に、シンクの前に立っている自分の体に、また手に触れる水のぬくもりに意識を向けてみてください。また表面を洗い、ゆすぎ、乾燥させるためにラックに置く時の食器それぞれの質感、形、重みに気づいてみてください。

・週の終わりに、このマインドフルな食器洗いの体験が、いつもの食器洗いとどう違っていたか振り返ってみましょう。
・心の準備が整ったなら、キッチンの他の場所——カウンターや床に対しても、マインドフルな活動を広げてみましょう。
・その代わりに、仕事の終わりにデスクの上を整理してみてもいいでしょう。

どんな行動を選ぶにせよ、マインドフルネスというのは、意識を集中させつつも、リラックスしているものであることを覚えておいてください。これは完璧主義を目指すものでも、意図的にゆっくりするものでも、自意識過剰になるものでもありません。そして願わくば、それを楽しまれんことを！

## 見る——認識が変わる

マインドフルネスを伴った形でものごとに取り組んでいくと、特別なやり方で見ようとしなくても、認識が変わっていきます。怒りや嫉妬といった感情を見つめてみると、もうすでにパッケージ化されたものではなくなっているのです。そのような感情を、より新鮮に、より明瞭に見ることができるようになっている。自分がものごとをどう見ているか、どう認識し、どのようなレッテル貼りをしているか、そのために私たちの体験がどのように変わってしまったのか理解し始めるのです。

明瞭に見ることで、自分が何者であるかを新たに理解しなおすことができるようになります。それによって自分の人間関係の全体像が見え、自分が世界とつながっているという感覚を持てるのです。自分の人生を展開していくにあたり、感情がどのような影響をもたらしているか純粋に探求しようとするなら、マインドフルネスは大いに役立つはずです。

## 見つめてみましょう

・デスクの上を片付けるなど、具体的な行動（自分一人でできる何か）を見つめてみましょう。もう一度、自分自身から始めるのです。今この瞬間に、デスクの前に座っている自分の身体に、デスクの上に載ってるもの、周りにあるものに意識を向けてみてください（それらの色は？　形は？　質感はどうでしょうか？）。
・そうした対象をとらえている思考に、それらが引き起した感情に気づいてください。さらに、自分の思考が過去や未来に押し流される傾向にあることにも。
・自分は何か考えていると認識した瞬間に「考えている」ことを認め、自分の意識を身体に、今この瞬間に引き戻してください。
・次に、一時、自分の意識をマインドフルな心そのものに向けます。あなたの行動を見つめていること自体を見つめ、その後、単純なマインドフルネスに戻ります。
・これを数回繰り返してください。

・この体験を振り返ってみてください。マインドフルな心を見つめたことで、もともとの行動体験がなんらかの形で変化しましたか？

## 見る――行動の流れ

パソコンで仕事をしているにせよ、洗濯しているにせよ、車か犬を洗っているにせよ、なにか忙しく立ち働いている時にマインドフルネスを用いると、「マインドフルな活動」をしていることになります。やっていることについてあれこれ考えてそれに没入してしまうのではなく、行為の流れそのものに意識を向けるのです。動き回りながらも心身と五感でもって注意を払うのです。自分の周囲の光景を見、音を聞き、物に触ってみるのです。気を散らすような心のつぶやきや感情が湧き上がって来たなら、やっていることを一旦停止し、心のつぶやきなどを解き放つことで、マインドフル・ギャップ（隙間を意識する）をやってみてください。何度も何度も、自分の考えを手放し、もとに戻ってくるのです。

気を散らしにかかってくるものをすべて手放すということは、単に心のつぶやきを手放すことを意味するのではありません。自身の完璧主義を、退屈を、妬みを、懸念をも手放すのです。そして、リラックスしつつも、注意をそらさず自分の活動に戻るのです。もし夕飯を作っているのであれば、ポイントは単にそれを行い、そして手放すのです。結果はどうあれ、そのままでいいのです。すべての注意をそこに注ぎこみ、努力して取り組んだのであれば、それで十分なのです。

人生のすべての局面で専門家になろうなどと思う必要はありません。その代わり、リラックスして、自分がやっていることをただ楽しむだけに努めてください。

## 省察してみましょう

今までやったことのない、あるいはほとんど経験したことのない簡単なクリエイティブな活動を選んでみてください。例えば、絵を描く、フラワー・アレンジメントをする、花を生ける、詩を書くなどです。このプラクティスで大切なことは、自分にとって馴染みのない活動をオープンな心で探求し、結果がどうであれ手放すことです。自分を批判したくなったり、頭が混乱したり、抵抗したくなったりしたなら、一旦やめてリラックスしてみてください。それが自分自身への思いやりとなります。

前述した長く続けるライティング・テクニックを使って、五分で自分の体験を書き綴ってください（その気になったらもっと長いこと書いてみてください）。あなたが探求すべきは以下のような問いかけです。

- 新たな活動に取り組む中で、どのような感情に気づきましたか？
- 好奇心と思いやりを持って障壁に対峙することができましたか？
- もしそうなら、それはどのようなものでしたか？　そうでない場合、何が障壁となりましたか？

・時々、あなたの気を散らす思考を解き放つことはできましたか？
・もしそうなら、結果よりも、そのクリエイティブな活動のプロセスのほうを評価できるようになりましたか？
・自分の努力の賜物を、良い・悪い・美しい・醜いなどのレッテルを貼らずに観察するのは、どのような感じですか？

## 見る――日々のリマインダー

このエクササイズは、車の運転のような日常的な活動と、厄介な感情に対処するといった例外的な活動という二つの異なる活動の中に共通の意図を見出すために行います。この二つに共通の目的を見出すことができれば、結果として、日常の活動を行いつつ、自分の感情に効果的に対処しようという意図を思い起こすことができるからです。

### 省察してみましょう

・車の運転を例にとって、自分に問いかけてみましょう。車のハンドルを握る時、どういう意図があるのでしょうか？　答えは「どこであれ、自分が行きたいところへ自由に行きたいから」、あるいは「歩いては行けないような所に行きたいから」かもしれませんね。
・次に、自分がどのような形で感情に関わっていこうとしているのか省察してみましょう。自らに問いかけてみてください。「自分の感情に関わっていこうと誓った背景には、どのような意図があったのだろうか？　なぜ、自分はそんなことをするのだろうか？」あなたはこう答えるかもしれません。「自分の感情に働きかけ続けるのも、それが自分の人生から苦しみを減らすための唯一の方法だからだ。私は感情的な苦しみから解き放たれようという意図を持っている。」

・最後に、この二つを統合して、片方を思い出せば、自動的にもう一つも思い出せるようにします。つまりこういうことです。私は車を運転して、物理的にどこでも好きな場所に行くことができる。それと同じように、私は自分の感情に働きかけることで、自分が希う（こいねが）インナー・スペースに、感情的な苦しみから解き放たれた場所に至ることができる。そこで車を運転するたびに、自由というゴールを思い出すのです。

・それを思い出すよすがとなる具体的な手がかりを決めておいてください。たとえば、車のエンジンをかけるためにイグニッションキーを回すたびに、あなたのマインドフルネスが着火するのです。ダッシュボードにメモを貼っておくのもよいでしょう。

このようなエクササイズに取り組んだら、一日の終わりに五分から十分ほど、このエクササイズがどのように役立ったかを振り返ってみてください。また、マインドフルネスを実践していく能力やモチベーションを妨げていたものは何だったかにも目を向けてください。日記やスケッチブックをベッドの脇に置いておいて、寝る前に心に自然に浮かんできたことをメモしたりスケッチしたりしてみるとよいかもしれません。

## 見る——キャッチ・アンド・リリース（釣り上げた魚を再び水に戻してやること）

私は一度空港でシャツを買ったことがあります。長旅だったこともあり、着替える必要があったのです。なかなかいい感じの紺色のシャツを見つけたので、よく見もせずにそれを着ることにしました。飛行機の座席に座ってから気づいたのですが、シャツには魚の絵柄が描かれており、袖に「キャッチ・アンド・リリース」なるロゴが入ってました。まるで宇宙からのメッセージかのようで、とても気に入りました。どういうわけか、私は瞑想の際、心にどう働きかけるべきか示した指南書を身にまとっていたのです。そしてこれこそ今回の旅で私が教える予定のテーマだったのです。

瞑想や禅定（ぜんじょう）を行う時には、このフレーズが役に立ちます。自分の思考をキャッチして、ただそれをリリースするのです。投げ戻す前に、頭をぶっ叩いて殺す必要はないのです。ひとつひとつの思考を認識して、ただ放してやればいいのです。

瞑想とは基本的に自分を知るためのプロセスなのです。ではどのようにしてそれを行うのでしょうか？　自分の心に馴染んでいくことによってです。通常の私たちの心は、思考がつむじ風となって絶え間なくぐるぐるまわっています。瞑想とはそれを鎮め、心の安らぎを作りだしてくれるプラクティスなのです。私たちの心はいつもあわただしく雑念に追われている上に、過去や未来にも思いを馳せます。古い出来事を思い起こしたり、明日あるいは十年先のことを想像して、それに備えようとします。つまり今この瞬間をまったく味わえてないのです。過去は変えられません。また、未来は常に私たちの手の届かない先にあります。そのことに気づいたことがありますか？　このプロセスが続いている限り、私たちの心は決して休むことはできません。心は決して鎮まることをしらず、安らうこともないのです。

長らく瞑想行を続けていると、自分の思考や感情をキャッチしてはリリースするのが上手くなってきます。すると徐々に、心を自ずと安らぎの境地に留めることができるようになります。素晴らしいことに、これによって私たちは完全に今この瞬間を生きることができるのです。過去や未来に引きずりまわされることなく、ただ、今ここに留まることができるのです。今この瞬間にあるということは、目覚めていること、自分自身に、そのまわりに目覚めているということです。それこそが安らぎと知足の始まりなのです。

## エクササイズ——呼吸を追う

最も効力のある瞑想のひとつが呼吸を追うプラクティスです。まずは背筋をのばして快適に座り、ただ息を吐きだし、吸い込む様子を観察します。余計なことは何もする必要はいりません。リラックスして自然な呼吸を行ってください。日々日ごろの呼吸のままでいいのです。まずは自分の呼吸に、鼻や口を通して息を吸いこんでは吐きだしていることに注意を向けてください。自分が実際に息を、その動きを感じているという感覚はあるはずです。
これは、ただ自分の呼吸を見ているわけではないのです。このプラクティスに集中するうちに、あなたは息そのものになっていきます。息を吐き出す時、それを感じ、それと一体となるのです。息を吸い込む時にもそれを感じ、それと一体となる。あなたは息そのものであり、息はあなたなのです。

リラックスできるようになると、今この瞬間なるものを認識できるようになるのです。呼吸しているのは今この瞬間にだけ。息を吐き出す。今この瞬間が去っていった。息を吸い込む。新たな瞬間がここにある。今この瞬間をとらえられるということはすなわち、自らの世界を、自分という存在を、そのまわりの状況を正しくとらえることであり、自分という存在に満ち足りた思いを覚えることでもあるです。

## 始めるにあたって

瞑想のセッションを始めるにあたって、まずは快適に座れるようにしてください。上半身をまっすぐ伸ばせるしっかりした座布団ならなんでもかまいません。あるいは椅子に座るのでもよいでしょう。大切なのはリラックスしながらも背筋をまっすぐ伸ばせる姿勢がとれることです。座布団に座るなら、快適な姿勢で足を組んでください。椅子に座るなら、足を床に均等につけます。両手は膝か、太腿に置いてください。目は半眼、視線はやや落とし気味に、ちょっと前を見てください。最も重要なのは、背筋を伸ばしつつリラックスしていることです。一旦快適に座ることができたなら、大切なのは今ここに、百パーセント留まることです。つまりこのプラクティスに完全に意識を注ぎ込むのです。まずは短時間（おそらく五分か十分くらい）のセッションから始め、自分の体験に興味を持てるようにするのがよいでしょう。やっていることが「正しい」か「間違っている」か気にとめる必要はありません。

## 思考をキャッチしてみましょう

瞑想していると、心のおしゃべり箱がひらいて、あまたの雑念が浮かんでくることでしょう。中には他にもまして重要そうなものもあり、なんらかの感情を引き起こすかもしれません。肉体的な感覚――膝や背中や首の痛みと関わるものもあるでしょう。とてつもなく大事なことを、後送りできないことをはっと思いだすこともあるでしょう。大切なメールに返信し忘れていた、電話をかけ直さなければならない、母親の誕生日を忘れていた……。こうした類の思考が浮かんできても、瞑想をやめるのではなく、ただそれを認識してください。必要なのはそれだけです。あなたを煩わせる雑念が湧いてきたら、ただ自分に言い聞かせるのです。「母の誕生日を忘れていた」という考えが浮かんできたと。ただその思考をキャッチして、それを認識し、そして手放すのです。瞑想の席ではすべての思考を平等に扱ってください。ひとつの思考を別の思考より大切なものとは見なしたりしません。もしそんなことをしたならすみやかに集中力を失ってしまうことでしょう。私たちの心はさまよい始め、ありとあらゆる空想のなかに捕らわれてしまうことでしょう。

瞑想とは雑念がまったく湧かない、心が完全に鎮まった状態だと思っているかもしれませんが、それは瞑想のプロセスではなく、成果として得られるものといったほうがいいでしょう。瞑想の「プラクティス」とは、いかなるものが自分のもとにやってこようとも、それと関わっていくことを意味します。ひとつの考えが現れたなら、それを認識し、そこにあることを認め、手放し、リラックスし、呼吸するのです。それが「キャッチ・アンド・リリース」です。

瞑想する時は、この「キャッチ・アンド・リリース」のプロセスを何度も繰りかえしやってみてください。思考をキャッチするというマインドフルネスの練習を重ねていくと、瞑想の集中力が鍛えられていきます。ちょうど運動をすることで体の筋肉が鍛えられるのと同じです。あなたの心は、予測不可能な形であなたに影響を与える様々な条件に取り囲まれています。ですから、瞑想がいつも同じように進むとか、自分の望みどおりに進んでいくなどと期待しないでください。

心が澄み、安らいだ状態になるまでには時間がかかります。でも最後には自分の望むところに心を留め置くことができたとわかるはずです。瞑想し、心の力を培うのは、有意義で素晴らしい行いです。それだけでなく、あなたが何かを学び、達成しようとした時、これが助けに、支えとなってくれるはずです。心が鎮まれば鎮まるほど、瞬間瞬間起きていることをより多く体験できるようになります。自分の人生が——今この瞬間の自分の実際の人生が、これまで思っていたよりずっと興味深いものであることがわかるようになるのです。

# 第九章　クリア・シーイング（明断に観る）——探求する

## 探求してみましょう——自分の限界を探求する

ダンスしたり、歌ったり、絵を描いたり、文章を書くといったある種の活動は、安定感を捨ててクリエイティブなプロセスを追い求めるよう力づけてくれます。快適な居場所（コンフォートゾーン）の外にあってもオープンで公平な態度を取ることができるなら、自らの思考と感情の赤裸々な遊戯（ゆげ）を見て取ることも可能になるのです。それでも折々、雑念や感情の荒波に負けて、自分の心身のうつろいをその場で素直に感じ取ることができなくなってしまうと、さらなる探求の道を進もうという気力が萎（な）え、そこで歩みを止めてしまうのです。これが個々人の限界なのです。

個々人の限界とは、人がこれ以上超えることのできない限界あるいは境界線のことです。感情的にすでに行けるところまで行ってしまった。これ以上無理に進もうとするなら、爆発するか、萎（しぼ）んだ風船のようになってしまうだろう。自分はもう行き詰まってしまったと感じると、なんとかそれに抗（あらが）おうとするか、あるいはむかっ腹を立てるものです。このような挫折体験を、歯がゆい気持ちを思い起こしてみてください。その時、あなたは自分になんとつぶやいていますか？例えば執拗で不愉快な感情に、特に自分では何とも変えがたい感情に出くわした時、「どうしようもない……」という感情に陥りがちです。心の奥底に、こうした感情に対して自分は無力だという微妙な思い込みがあるのです。まず、これが自分の限界なんだという感覚をとらえることが肝心です。というのも、それがあなたのやる気を奪っているからです。

自分の思考と感情に働きかけようとしているかぎり、あなたは注意深くあり、目覚めています。昔からのどうしようもない性癖を認識し、それを変容させようとしているのです。この挑戦的な体験を用いて、それが自分の限界だと思い込んでいたものについて熟知し、それを乗り越えていくのです。

## 個々人の限界といっても、それは永久に続く障害ではない

いったん自分の感情の限界がどこにあるのか、自分が踏み越えたくないラインが何であるかわかったなら、マインドフルネスのプラクティスを用いて、その性癖を調べることができます。何であれ同じことが言えますが、これまでのあなたの性癖がそうだったのも、しかるべき要因やその他の条件があったからこそであり、まずそれらが何であるか認識してみることです。

幸せな心も辛い心も青天の霹靂（へきれき）のように出現するものではありません。一定の要因が寄り集まった結果として生み出されるものなのです。言ってみればパイを作る材料のようなものです。パイに何を入れるか、あるいは入れないか、レシピの良し悪しはどうか。パイを作る人の知識や技

量などによって、美味しいパイができたり、酸っぱいパイができたりします。目の前にあるパイはこうでなければいけないなどということはないのです。チーズクラストで作ってもいいし、肉を加えてセイボリーパイ（惣菜パイ）にしてもよいのです。

同様に、私たちの性癖も、良いものであれ悪いものであれ、それが出てくるためには多くのものに依存しなければならないのです。このような相互依存のつながりを見ることで、人それぞれの限界といっても、必ずしも永久に続くわけではないと理解することができます。そのような性癖が表に出てきて、苛立ちを覚えるより前に、どの時点であれそこに介入して、そうなるであろう結末を変えることができるのです。ボスに腹を立てたからといって、家に戻って犬を蹴とばす必要などありません。巧みに方向転換して、ダイナミックな変化をもたらすこともできるのです。つまるところ、自分が限界だと思い込んでいたラインを超えることは可能なのです。そこで、まず最初のステップでは、「ああ、これは自分の限界だ」という体験を見つめ、またそのような感情を引き起こしたものは何か詳しく探求します。

## やってみましょう

・自分の限界を感じるようなことがあったら、その体験を探求し、マインドフル・ギャップ（隙間を意識する）のプラクティスをしてみようと決意する。
・この決意を実行にうつす具体的な例を少なくとも一つ挙げてみる。
・限界体験の引き金となっているものを認識する。自分の上司でもないのに、同僚からあれこれ指示されたら、激昂してませんか？　パートナーがあなたの言うことを否定したら、特に自分に理があると思っていたら、キレてませんか？

・こうなったら必ずキレるという状況でマインドフル・ギャップ（隙間を意識する）をやってみようと決意してください。たとえば長い行列に並ばされ、待たされて苛立ったり、不安になったりした時などです。

ここで最も重要なポイントは限界を感じたなら、そこに注意深く意識を向け（ただし、良し悪しの判断は下しません）、マインドフル・ギャップのプラクティスが指し示す方向に進むことです。

## 探求してみましょう——人間関係におけるあなたの感情のパターンは？

濃密な人間関係において感情と巧みに付き合うには、自分の感情パターンに注意を払うことです。特に大切なのは、多くの異なる欲望の表われとどのように関わっているか見てとることです。嫉妬を覚えたり、拒絶されたと感じた時、自分がどう反応しているか気づいてますか？　落胆させられた時、思わず取ってしまう反応が、予見できるようなごくありきたりのものではありませんか？　腹を立てたり、しつこくつきまとったり、感情的な復讐を企てたりしてませんか？　どうすればオープンになれますか？　あなたの寛容さと許しに火をつけるものはなんですか？

人間関係を維持するために最も優れた方法のひとつは、自分と感情のあいだに率直で正直な関係を形作ることです。自分の感情的な性癖がどのように次から次へと現れてくるのか見てとることができれば、それらを変容できる機会もずっと増えるはずです。危機一髪になっても、一瞬であれマインドフルネスを伴う気づきを向けることができれば、またしてもジェットコースターに乗る羽目にならずにすむのです。このようなパワフルな感情をなにも否定する必要はないし、悲鳴をあげながら逃げ出す必要もない。ただそれに注意を向けておくことが必要なのです。注意深く意識を向ける習慣がしっかり身に付けば、自分の感情生活に幸福なバランスをもたらすことができます。バランスを得ることができれば、生きているのが楽になるだけでなく、より賢明かつ喜びに満たされた人生へと歩んでいけるのです。

## 省察してみましょう

・気に障(さわ)ったやりとりを思い浮かべてください。いちいち反応したり、考えたり、判断したりせずに、ただその感情を感じ取るのです。

・次に、深い思いやりの心を、慈愛の感覚を起こしてみてください。まずは自分に対して、次はパートナーや家族に対して。数分間その状態を保ってから、自分の考えがどう変わったかを見てください。

・親密な仲だったのに、口喧嘩や心傷つくような言い争いをしたあとで、前のようなオープンな状態に戻るにはどうすればよいでしょうか?

・考えを巡らし、一つのアイディアを選び(たとえば、自分に厳しくしすぎないことは、ユーモアのセンスを見つけるのに役立つ)、次にヒートアップした時にそれを行ってみてください。

## 探求してみましょう——コミュニティにおける慈悲の心

「慈悲」とは、苦しんでいる人に寄り添おうという意思と、その苦しみから解き放ってあげたいという強い願いがあることです。慈悲は、あなたを苦しみのもとに引き寄せ、それを変えていく手助けをします。苦しみから目を背けたままではそんなことはできません。コミュニティでの生活や交流に慈悲という観点を持ちこめれば、他者の多種多様な、時には相反するものの見方とよりよく深く関わっていけるようになるのです。

近所の通りを掃除する、カー・プール(通勤・通学などでの車の相乗り)を編成する、コミュニティ・ガーデン(地域住民が共同で管理する庭)の手伝いをする、学校のパーティを企画するといった共同作業は、私たちが互いにどのような形で結びついているか理解するきっかけになります。ほんのちょっと自分の心構えを変えるだけで、そうした関係性に基づく体験ががらっと変わることがわかるはずです。たとえば、ある人はあなたの意見に賛成してくれたが、別のある人はそれに反対した。それによってあなたは相手により友好的になったり、冷淡になったりしていませんでしたか？　他者を受け入れよう、オープンであろうとするなら、調和への道筋を示してくれるのは慈悲の心です。人は誰しも一日の終わりに、幸せでありたいと願っています。あなたの家族であれ友であれ、ライバルであれ敵であれでもです。怖れや病いや苦痛などを望む者は誰ひとりいません。自らの体験からもわかるように、いつでも思いやりの手を差し伸べることはできます。つまるところ、慈悲というものは、いかなる関係性でも――それがたとえ自分にとって不都合なものであれ、歓迎するものなのです！

### 省察してみましょう

グループで作業している時にどのような体験をしたか思い浮かべてみてください。以下の質問を思い起こし、その体験がどのようなものだったか思い出せるよう、メモをとってください。可能であれば、これらの質問に一緒に応えてくれる人や小グループを見つけるとよいでしょう。一緒にやれば、自分にも疑問が浮かんでくるはずです。

・グループでの作業体験をすることでマインドフルネスや慈悲心が培われましたか、それとも難題が生じましたか？
・難題が生じた時、どのように対処しましたか？　その難題と仲良くなることができましたか？　そうでなかったなら、次回、好奇心と思いやりの心を持ってその難題に取り組むためには何が必要そうですか？
・グループ作業と単独の作業では、マインドフルネスの感覚はどのように変化しますか？
・自分が選択した活動をしている時と、選択していない活動をしている時では、何が違いますか？

## 探求してみましょう
### ——あなたはどのように話し、どのように他人の話に耳を傾けていますか？

コミュニケーションとは人と人が情報を伝えあうために用いる言葉以上の何かであり、感情で表現されるエネルギーです。会話を交わす時、情報の交換はそのごく一部をなすにすぎません。情報に伴う感情もまた別のなにかを作りだしているのです。私たちの行動は、言葉よりも雄弁なのです。ですから、心でなく、耳だけで話を聞いていると、相手が伝えたかったことのうち大切な部分を聞き逃すことになります。

以下のエクササイズは、注意深い行動と注意が散じてしまった行動のコントラストを際立たせることを意図しています。自分は注意を失っていたのだと認識できた時、自分に優しくすることができれば、役に立つリマインダーになるはずです。次は必ずあるし、自分は必ず前進できる。日々の生活のなかで、注意を伴った行動と伴っていない行動の比較をしてみて、それが自分にどのような違いをもたらしているか見て取ることができれば、人間関係においてもポジティブな変化が——より相手を信頼でき、正しく評価でき、仲良くできるようになるかもしれません。

### ふたりで行うエクササイズ

次に行うエクササイズでは、あなたとパートナーは話すことと聞くことのプロセスを探求します。特に大切なのが「**聞く**」ことです。あなた方は交互に聞き手と話し手を務めます。ですから二人ともいずれの役割も体験できるわけです。まずは役割について説明します。次にエクササイズの特別なガイドラインについて述べます。

## 聞き手側へ

聞き手側は、自分の感情に注意を払いつつ、相手の話に全面的に耳を傾けます。聞いている時の自分の反応に気づいてください。誰かと会話を交わしている時、なにがなんでも話の中に割り込んで口をはさまないといけないという衝動に駆られることはよくあるものです。答えたい、応戦したい、問題を解決したいという衝動に突き動かされるのです。こうした衝動はあなたの耳を塞ぎ、もはや相手が何を言っても聞こえなくなってしまいます。

ですから、ただ耳を傾け、オープンでいるのです。自分が感情的になっていると気づいたら、そこでただマインドフル・ギャップ（隙間を意識する）をやってみてください。これによって自らを鎮め、相手の言葉に反応しようという衝動を抑えることができます。自分の思考と感情の流れを、わざわざ変容させようとせず、辛抱強く見つめてください。それらが流れゆくままにまかせ、聞くという体験のなかに留まるのです。

初めのうちは、気まずく、居心地の悪い感じがするかもしれません。そう感じるなら、このエクササイズを実際に行えているよいしるしとなります。このような傾聴のあり方になれていくと、あなたの存在そのものが他人を支え、役立てるようになります。この傾聴のスキルを徐々に積み重ねることでマインドフルな対応ができるようになるのです。しかし、このエクササイズの意図は、聞く経験それ自体です。

### 話し手側へ

このプラクティスにおける今回のあなたの役割は、話すという行為にマインドフルネスを持ち込むことです。意図をもって、できるだけはっきりと話す。なにを言ったらよいのかよくわからなくなったら、あるいは話したくなったなら、話し続けるのではなく、沈黙のなかに留まる。相手から口頭のフィードバックを受けることなく話す時には、湧き上がってくる自分の思考や感情に注意を払ってください。なんらかの感覚が立ちのぼってきたら、いったん休止して、それをただ認識し（声に出してもいいし、沈黙のままでもいいです）、続けます。

### 聞き手と話し手の両方へ

このエクササイズは、自分のコミュニケーションの性癖への気づきを高めるためのものです。これによって判明したことは、あなたを驚かせるかもしれません。そもそもどんな話し方の癖を持っているか自分でもなかなか気づけないものです。例えば友達と話している時でも、自分の主張を伝えることだけに執心し、相手が伝えようとしているメッセージにはほとんど気に留めないことが多いですよね。聞くことと話すことの両方に注意を払うことによって、自分が「ジコチュー」や「自己満足」を乗り越えられたかどうか、はっきり見極められるのです。
それでは始めてみましょう。

### エクササイズのやり方

パートナーを選び、双方の都合のよい時間に次のプラクティスをやってみましょう。

一、向かい合って、ほどよい距離（テーブル幅くらいがよい）をあけて座れる場所を探してください。

二、最初にどちらが話し、どちらが耳を傾けるか選択する。次のラウンドでは役割を逆転させます。

三、一緒に数分の間、思いやりの心と慈悲について熟考する。お互いこのエクササイズでは、自分に対しても、パートナーに対しても、思いやりと慈悲の心に基づいた行動をとろうと決意します。

四、話し手は、個人的かつ時流の話題を選んでください。ちょっとばかり感情をゆさぶられたような体験談がいいです。最初のうちは苦痛をもたらすような話題でなく、ほどよい、軽い話題にしてください。今週、職場で何かあったとか、気になったニュースとか。

五、聞き手は、話し手の言葉をただ傾聴してください。フィードバックはしません。心の乱れが表面に出そうになったらマインドフル・ギャップ（隙間を意識する）を実践してください。話の流れや判断やその他の衝動はさておいて、その時の味わった感情を認識するのです。感情との直接体験を保つようにしてください。話し手に対してはできるだけ注意を払い、心を開いたままでいてください。

六、話し手は四分間、話す時間をあたえられます（アラームやタイマーをセットしておくのがよいでしょう）。これは話し手がただ話すだけの機会です。パートナーは話を聞きますが、相手の言葉に応じて話すことはありません。自分が話している時の精神的、感情的な体験を意識してください。「語り」の本質が言葉の彼方までどのように広がっていくか認識し、感情の起伏に応じてマインドフル・ギャップを実践することを忘れないようにしてください。

七、次の四分間、役割を逆転させて行います。話し手が聞く側に、聞き手が話す側になるのです。

**省察してみましょう**

以下に記したうちの一つ、あるいは複数の質問に十分ほどかけて答えを書いてみてください。答えられなかった質問はあとで答えを書いてもいいです。

・なんら返答することなく傾聴するという体験はどのようなものだったか記してください。なんらかの学びがありましたか？

・言葉によるフィードバックなしに語るという経験がどのようなものだったか書いてください。
・どういった箇所で思いやりの心が湧きやすかったですか？　湧きにくかったのはどんな箇所でしたか？　例えば、批判的な感情、ネガティブな感情、怖れの感情などを探ってみてください。
・引っかかる点（批判や怖れが湧きおこった箇所、または意識を向けるのが難しかった箇所、注意を払うことが困難であると気づいた箇所）について説明してください。
・このエクササイズで一番楽しかった部分はどこですか？

## 探求してみましょう――心でもって話し手の声に耳を傾けてみてください

慈悲の心は真のコミュニケーションに至るための入り口です。心が慈悲の光で照らし出され、自己中心的な思いや自己満足を振り捨てれば、あなたのメッセージはほぼ伝わるのです。パートナーや両親や子供がせっかく話しているのに、はじめから自分の結論ありきで、批判や思い込みを抱いたまま耳を傾けていると、相手の言おうとすることが聞こえなくなってしまいます。だから、世界のそこらじゅうで、両親との、子供との、パートナーとのコミュニケーションの断絶やトラブルが起こるのです。私たちはお互い話を聞こうとせず、自分の話ばかり聞いているのです。他人が何を語ろうと、ただ自分の聞きたいことだけを、自分の結論、自分の判断、自分の信念だけを聞いているのです。

もし私たちが望んでオープンな態度をとり、なんらかの結論や判断に飛びつくことなく相手の言葉に耳を傾けるなら、硬直していた自分の考えも和らぎます。そうなれば慈悲の心がこの状況に影響を及ぼすことができるのです。信頼できるコミュニケーションが取れれば、相手も自分自身を信頼できるようになるのです。このように慈悲と智慧が一体化することで、あなたは行動に出るよう促され、さらにその行動は心のこもったものになるのです。こうして純粋に人を助けたいというあなたの願いが具体化するのです。

ですから、真の メッセージを――――コミュニケーションのエッセンスをとらえるためには、音楽を聞くかのように心でもって耳を傾けないといけないのです。そのように耳を傾けることができれば、二つの心が、二つの思念がひとつに融合できるオープンな場ができるでしょう。

## 省察してみましょう

慈悲の心を巧みな形で発揮しようと思うなら、その場のニーズに鋭敏でなくてはなりません。それがどのようなものか知るためには、自分の先入観を手放す必要があります。まずはオープンな心で観察し、傾聴するのです。

・訴えても誰も耳を傾けてくれず、誤解され、なんら助けてもらえなかった状況を想像してみてください。

・次に困った状況に陥ったものの、自分の訴えに耳を傾けてくれる人がいる状況を想像してみてください。
・この二つの例からすると、聞き手はどのような点で異なっているのでしょうか。

## 傾聴するプラクティス

・これからの一週間、一日に一回、心して傾聴すると約束してください。プラクティスをするタイミング、場所、プラクティスの相手を決めてください。
・傾聴のプラクティスにおける思いやりの心と慈悲の意図について考えてみてください。
・このプラクティスによって恩恵を受けられそうな人間関係を同定してみましょう。あなたのパートナー、子供、職場の同僚、社会的共同体など。
・そうした人々を次に見かけた時、心して傾聴してみてください。

相手と親密であり、そうしたことを大っぴらに話し合える相手なら、自分は今コミュニケーションを通じて思いやりの心を培うプラクティスをしていると説明してもいいでしょう。彼らもまたあなたと一緒にこのプロセスを探求することに興味を持ってくれるかもしれません。そうならプラクティスについて説明し、一緒にやってみることもできます。取りあげる質問を決めて、始める前に聞き手と話し手の役割を確認します。

・公共の場や職場にいる時には、ある一定の時間だけ（例えば一日のうちのある時間帯だけ）会話に全集中し、それ以外の時間はプラクティスを控えましょう。この切り替えがどのような違いをもたらすか認識してみてください。

・傾聴する相手がいない場合には、ラジオをつけて、ニュースを聞いてみましょう。聞いているうちになんらかの感情に気づいたなら、マインドフル・ギャップ（隙間を意識する）をやってみてください。

# 第十章　レッティング・ゴー（手放す）――リラックス

## リラックス――今いるところで

### 振り返ってみましょう

講堂や会議室（あるいはなんらかの集団の場）など、よく見知った場所に足を踏み入れた時のことを少し振り返ってみてください。部屋に入るたびに、どこに座るか決めていましたか？　お気に入りの場所はありましたか？　部屋に入ったとき、何に気づきましたか？　静かでしたか、それともおしゃべりがうるさかったですか？　整然としていましたか、それともごちゃごちゃと雑然としていましたか？　部屋の雰囲気が居心地のよしあしに、自分の気分に影響をもたらしましたか？　なんらかの形でこの部屋に手をくわえたいと思いましたか？

自分の置かれている環境をあるがままに受け入れ、変化への試みを手放すことは、あなたにとってどれほど難しいことでしょうか？　歯医者の待合室に座っている時でも、もっと快適な椅子が、新しい雑誌が、本物の窓が多少あればいいのになどと思ったりしませんか？　趣味嗜好があるのはいいことですが（私たちは皆そうです）、どこかの時点で、その趣味嗜好のために、自らの心をかき乱すような環境を拒絶するようになってませんか？

## 今を考えてみましょう

今、あなたはどこにいますか？　何を見ていますか？　何を感じていますか？　今この瞬間のあなたの回りの部屋にまつわる感覚体験を観察してみてください。肉体的な感覚に気づいてください。クッションや椅子と肉体との接触を、肌に触れる風を、目が感知している光やイメージを、まわりの音を認識するのです。空気に香りはありますか？　舌に残る味はありますか？

周囲をとりまく環境と接してみて、「すべてはここにある」と感じたなら、そこまでの努力は放棄して、ただリラックスしてください。

## さらに先に進んで考えてみましょう

次回、グループの中にいるとき、人とどのような距離感で立っているか、あるいは座っているかに注意をしてみてください。他人との距離の近さ、遠さはなんらかの感情を生み出しているかもしれません。人混みから離れて一人で立っているのと、グループの真ん中で隣の人と肘も触れ合わんばかりにして立っているのとではどのような感覚の違いがあるでしょうか。自分の反応に、選択に、またその体験に自分が貼るレッテルに――「これは良い、悪い、快適だ、不快だ」といったレッテルに注目してみてください。

レッテル貼りや判断づけのプロセスが始まったことを知覚したなら、その瞬間に、一旦立ち止まり、「マインドフル・ギャップ（隙間を意識する）」を短いあいだやってみてください。感じ、留まり、見るのです。一歩下がって、全体像を見るのです。自分の身体とつながって深い呼吸をし、手放し、リラックスするのです。あなたが必死にしがみついているもの、逆にあなたにしがみついているものをすべて解き放ってください。

このように自分の体験を吟味してみると、これまで見逃しがちだった性癖に気づくことができるはずです。それはこれまでの自分の思い込みとは対照的に、ものごとの真のあり方がどのようなものであるか見せてくれるのです。さらに自分自身への共感、思いやり、慈悲心を育んでくれ、それが他人への共感へとつながっていくのです。

## リラックス――自分の感覚とつながる

現在、私たちはサイバー空間の住人としてあまたの利益を享受してはいますが、失ったものもあるのです。ヨガ、陸上競技、ジョギング、セックス等々、身体への欲望は残されているとはいえ、自分の身体感覚をある程度失っているのです。時に、自分の身体ですら最新のイケてるタブレットやスマートフォン、Xbox、３Ｄテレビを手に入れるための道具にしてしまうことすらあるのです。私たちは日常的に、生々しい感情を知性へと置き換えています。つまり、感情を味わうのではなく感情について考え、語っているのです。交通事故や潰瘍、ハリケーンといった災厄が自分の身に降りかかって、初めて自分の今の身体体験に目覚めるのはよくあることです。

知覚の簡単なエクササイズのひとつが「感覚体験」の回復です。つまり、物理的な世界と触れ合う感覚を取り戻すのです。以下は、見る、聞く、嗅ぐ、味わう、触れるという五感と再びつながるための初歩的なエクササイズの提案です。これら五感は、外の世界に、私たちの世界にある興味深いもの、美しいもの、醜いもの、欲望そそられるもの、恐ろしいものに向かっていきます。しかし、五感には内に向かう局面もあるのです。五感は肉体の中に存在しています。外なる感覚と内なる感覚が結びつけば、私たちの体験はより完璧で深いものになるはずです。初めのうちは自分ひとりでこのエクササイズを行うのがいいでしょう。いつもの性癖で他人に反応してしまうことを避けるためです(※)。

### 新鮮な視覚体験

一、自宅あるいは、できるなら屋外の自然に囲まれた環境で、静謐(せいひつ)かつ快適な場所を見つけてください。背筋をのばし、リラックスして椅子に座り、花々（花瓶に入ったものでもかまいません）や木々、小川など自然のものに目を向けます。初めのうちは人工の物（公園のベンチ、自転車、街灯など）や他人に目を向けないほうがよいです。あまり集中しすぎず目が疲れない程度に、対象物とそれを取り巻く環境（森や木々など）の両方を見るようにしてください。

二、何かが「起きる」ことを期待するのをやめ、ただ目を向けるだけに留めてください。レッテル貼りがしたくなったり、考えが浮かんできたり、一言言いたくなるかもしれませんが、それらがただ通り過ぎていくにまかせてください。

三、体の全毛穴を通じて見ることができると想像してみてください。あなたの目は、木（あるいは他の対象）の姿をとらえ続けるのです。

四、この実験は終わりにしようと思えるようになったら、もうしばらく（二分から三分）、花や木々や小川に意識を向けて心を休めてください。

五、続けていくうちに、身体の内と外でどのように感じているか波長を合わせてみてください。ただしその感覚へのレッテル貼りはやめてください。どんなレッテル貼りがおきても、それはそのまま手放すのです。その代わりに、自分の体のなんらかの感覚を、今見ているものとなんら関係なさそうなものでも（例えば足の痙攣（けいれん）や首のこりなど）、とらえられるかどうかやってみてください。その感覚が蠢（うごめ）いたり、変化していってもそれにしがみつかず、ただ何が起きているのかに気づいてください。自分の身体に起きていることに気づき、感じ続けるのです。

六、このエクササイズを締めくくるときには、しばらく休んでから立ち上がり、その場を離れてください。エクササイズの出来不出来やエクササイズの意味など、なにか考えが浮かんできたり気づきがあっても、ただそれを手放すのです。そうすることによって「レッティング・ゴー（手放す）」を行うための筋力を鍛えることができます。

## 自然な音

一、好きな音楽を一曲選んでください。無調音楽や騒々しすぎる音楽は避けましょう。ヘッドホンは使わないでください。

二、くつろいだ状態で、身体の毛穴のすべてを通して音が聞こえると想像してください。これらすべての「耳」を通して入ってくる音に、全神経を集中させるのです。もし、余計なことを考え始めたり、空想の世界に入りこんでしまったと気づいたら、ただ音に意識を戻せばいいのです。

三、見るエクササイズと同じように、身体の内と外でどのように感じているか、波長を合わせてみてください。こうした感覚にレッテル貼りをしないでください。いかなるレッテルが湧きおこってきても、そのまま手放してください。その代わりに、自分の身体にあるなんらかの感覚を（例えば、足の痙攣や首のこりなど）、今聞いているものとなんら関係なさそうなものであれ、それらを認識できるかどうかやってみてください。このエクササイズの意図は、音があなたの体に入ることを許し続け、体のどこでその音が共鳴しているかに気づくことです。

四、音楽というものは特に感情を喚起します。そうなったら、自分の身体のどこでそうした感情を覚えているのか認識してみてください。その箇所に意識を向けて、リラックスするのです。そうした感情の上で安らうかわりに、その感情にまつわる自分語りに、意識が早々と彷徨(さまよ)っていってしまうことに気づくかもしれません。そのような気づきもよいのです。それによって私たちのそういった性癖が明らかになるからです。もしそれに気づいたら、前のように身体的感覚と純粋な感情に意識を戻してください。

五、締めくくりに、数回深呼吸をして立ち上がり、その日一日を過ごしましょう。

## 鮮明な香り

一、匂いのよい花やシナモン・スティックやお香など、鮮烈な香りを持っているものを選び、ゆったりと座ります。目を閉じて、香りに集中します。

二、息を吸いこみ、鼻孔を通して香りが入り、それが体を満たしていくと観想します。腹部をリラックスさせ、ゆっくりと深呼吸します。

三、香り体験のなかに、その気づきのなかにたゆたい、自分の身体をどのように感じているかに意識を向けます。感じていることにレッテル貼りをしそうになっても、それをそのまま手放してください。体内の、あるいは体内の感覚のどの部分が、香りによって目覚めさせられたか、または呼び起こされたかを調べ始めるのです。あなたの身体は風船のようにからっぽで、妨げられることなく香りを受け取ることができると想像してください。香りが触れることのできない箇所はありますか？　もしあるなら、その箇所と心でもってつながり、香りによって満たされるように促してください。

四、飽きてきても、もうすこしこのエクササイズをやってみてください。

五、体のなかでゆったりと安らい、自然な呼吸をしつつエクササイズを締めくくってください。

バリエーション

新たな試みの一歩を踏み出してみたいなら、まず、吸気に乗って香りが体に入ってきて、からっぽだった全身を満たしたと観想してみてください。次に息を吐きだすとき、鼻孔と全身の毛穴を通して香りが外に出ていき、部屋の空間を満たします。さらには部屋の外へ、もしあなたが望むなら、隣近所へ、町へ、国へと、望みうるすべての場所を香りで満たしていくのです。

## 純粋な味わい

果汁たっぷりな一口サイズの果物を二つ、お皿に用意してください。

特にお勧めはイチゴですが、他の果物でもかまいません。目の前に果物を載せた皿を置いて、くつろいで座ってみてください。これまでのエクササイズで培った経験どおり、身体を落ち着かせて、身体そのものを感じてみます。

一、まずは、果物を目にしたり、食べようと思った時、どのような感情が、あるいは感覚が呼びさまされるか検分してみてください。一つめの果物は、いつもよりゆっくり、段階をかけて食べてみてください。

二、一つめの果物をとりあげて、舌の上に置きます。口を閉じ、そのままにします。身体の内にどのような感覚がありますか？

三、ゆっくりと果物を咀嚼し始めます。でもまだ呑み込まないでください。口の中に果汁が広がっていくのを、上下の歯が合って果物を押しつぶす様子を感じてください。そして果物を味わうのです。果物を咀嚼し、味わうとき、体内でどのような感覚が起きていますか？

四、次に果物を呑み込みます。口の中の、喉の動きの、果物が胃に落ちていくときの感覚をとらえてみてください。その体験のなかに一時留まってください。

五、次に果物を食べることによって引き起こされた感覚に注意を払ってみてください。その身体的感覚は身体のどこで起きていますか？　それは持続しますか、それとも変化していきますか？

六、二つ目の果物を取り上げ、同じことを繰り返してみてください。マインドフルネスを維持しつつ一連のプロセスを滞りなく行えるかどうか見てください。望むならもう少し速く行ってもいいです。

バリエーション

どのような感覚を味わおうとマインドフルネスが維持できているかどうか確認するとともに、その果物の来歴に思いを馳せてください。それがどのように育ち、収穫され、出荷され、陳列され、購入されるに至ったのか。今この瞬間あなたが口にした美味しい果物ができあがるまでどのくらいの人の手が関わったのか、太陽光や水などの条件をどれほど調えなければならなかったのか考えてみるのです。

## 明らかな感触(クリアー・タッチ)

最後の感覚のエクササイズは触れることの探求になります。これまで触覚を除く外と直結する五感の世界を探求してきたおかげで、あなたは内なる感覚世界にかなりアクセスできるようになっているはずです。

私たちは常に触れるという体験をしているため、触覚は外に向かう感覚のなかでも、最も散じやすいものであり、実際の感覚を特定するのは難しいかもしれません。子猫の毛を撫でるようなごく単純な感触もあれば、慈悲を思い起こしたり、恋に落ちたことを教えてくれる感覚のような非常に入り組んだ感触もあります。誰かから特別に親切にしてもらったとき、「感動した(タッチング)」とか、その親切に「心動かされた(タッチド)」と言いますよね。こうした感覚体験を探求してみるのも、怒りや妬み、情熱などのダイナミックで時にトラブルも引き起こしかねない感情を扱うためのウォームアップなのです。以下のエクササイズは、触れるという肉体的感触を越えて、どのように自分がこの世界と触れあっていけるのかを探るためのものです。

一、誰か知っている人の写真を選んでください。人でもまたペットでもかまいません。

二、快適な形で座って、落ち着いたら写真を手にとって、しばらく眺めてください。次に目を閉じます。写真に写っている人や動物の存在を感じてみてください。この第一のステップで身体の中になんらかの感触が起きたら、それに気づいてください。

三、数分たったら目を開き、その人物や動物の存在（なんだったら波動と言い換えてもよい）を感じてみてください。いろいろな考えが浮かんできてたまらなくなったら、ただ身体のなかの感触に気づくことに戻って、ゆったりと呼吸をしてください。

四、その人物やあるいはペットにまつわるいかなる物語をも手放して、自分の知覚の範囲を広げられるかどうかやってみてください。自分の意識を外へ外へと広げていき、自分のいる部屋の空間までも感じられるようにします。同時に自分の身体そのものに、自分と写真のあいだの空間にも意識を向けてください。意識の広がった状態にしばらく留まってください。

五、ここまでのステップができるようになったら、その人物やペットにまつわる思考が多少なりとも心に浮かんでくるのを穏やかに許してください。ただし、これらの思考を操ったり、管理しようとしてはいけません。ただ、どのような考えが自然と湧き上がってくるかに意識を向けるのです。広がった空間と身体の中で、知覚し続けてください。自分の思考によって、意識の拡大した世界から連れ去られそうになったら自分自身の身体とパーソナルスペースに戻ってください。もう一度、写真の中の人物やペットの存在に「触れた（タッチド）」と思える箇所が、身体のどこにあるか吟味してみてください。

六、セッションの締めくくりに、自分の心臓部から、この人物や動物に対して思いやりの心を、優しさを送り届けてください。こうした願いが太陽光線のように広がっていくと観想してみてください。彼らに対して、あなたが希(こいねが)っているのと同じ幸せを、そして苦からの解放を願ってあげるまたとないよい機会となります。

七、そして、この気持ちの中でくつろいでください。そそくさと終わらせる必要はありません。また、部屋の空間の彼方にいる身近な人や見知らぬ人に、あなたの善意を送り届けることができます。

※原注

外・内の感覚に働きかけるこのエクササイズは、*Coming from Nothing: The Sacred Art of Acting*（Turquoise Dragon Press）の著者であるナーランダーボーディ・ミトラ・リー・ウォーレイのワークを参考にした(*)。ミズ・ウォーレイはナーローパ大学（カルマ・カギュ派の化身ラマ、チョギャム・トゥルンパが一九七四年に創設した大学）の創設者のひとりである。

*訳注　ナーランダーボーディはゾクチェン・ポンロプ・リンポチェが創設したコミュニティで、ブッダの智慧と慈悲心を広めることを目的としている。ミトラはナーランダーボーディの上級教師に授けられるタイトル。

# 第十一章　完璧じゃなくてもいいじゃないか

## ロールモデルは誰ですか？

あなたにインスピレーションをもたらしてくれる人のことを思い浮かべてみてください。優雅で思いやりがあり、知的であるという資質を備え、他人に尽くすことのできる人です。そのようなロールモデルやメンターがいるのはありがたいことです。このようなお手本となる存在があれば、迷いや恐れや障害に打ち勝ち、前進し続けることができるからです。その存在は（はるか彼方の存在であってもかまいません、自分の愛するアーティストや師匠を心から賛美するといった関係性でもいいのです）、自分を、自らの可能性を信じるよう鼓舞してくれます。そのような関係性は、これまで気づきもしなかった勇気や決断力の源を自分の中に見出すよう勇気づけてくれます。あえて嫌なことに挑戦していくことに、どんな意味があるのか、正しく評価できるようになるのです。自分自身をケアすることを学び、自らの人生と仲良くなることができれば、自分の感情に対しても次第にオープンになっていき、自他を責めたいという衝動を手放すことができるのです。

あるがままの自分でいることに満ち足りるようになり、この体験を他の人々に分かち合いたくなるのです。思いやりは日々の体験の一部となり、慈悲心が自ずと培われていきます。私たちがより大胆になることで、人もまた勇敢になれるのです。

### 省察してみましょう

- あなたはひとつ、あるいは複数のロールモデルを持っていますか？
- 最も賞賛すべきロールモデルの資質は何ですか？
- そうした資質はどのような形で大胆さと思いやりを示していますか？
- ロールモデルのお手本といえる行為から影響を被りましたか？　あるいは導かれましたか？
- あなたは誰かにとってのロールモデルですか？

## あなたのゴールと意図を思い返してみましょう

週に一度、自分に質問を投げかけてみてください。これらの質問によって自分の進み具合を評価し、自分の意図を新たに、活性化することができます。以下の質問を用いてもかまいませんし、あるいは自分が思いついた質問でもかまいません。日記やノートに毎週書き留めていき、折々、昔の記録を読み返してみてください。

・どのくらいの頻度で、自分の習慣的パターンに意識を向けたい、感情に働きかけたいという思いが浮かんだか？　それは毎週、かなりの頻度で起きているか？
・今週はどのような感情が湧きおこったか？　またその中でも最も強烈な感情はどのようなものだったか？
・ERプランの三つのステップのうち、今週用いたのはどのステップだったか？　激烈な感情に対して最も効果があったステップはどれだったか？
・自分の感情生活の中で、最も変えたいと望んでいることは何か？　変化を起こすことがどうしてそれほど重要なのか？　もしこの変化を起こせるとしたら、人生のどこが変わるか？
・「マインドフル・ギャップ（隙間を意識する）」「クリア・シーイング（明晰に観る）」「レッティング・ゴー（手放す）」で述べられているテクニックは、期待した通りのものをもたらしてくれたか？　もしそうでないとしたら、期待したことと実際の体験はどれくらいかけ離れていたか？
・自分自身に思いやりの心をもつすべを学ぶことができたか？　この一週間のあいだ、あふれんばかりの非難を止め、それを励ましや賞賛に変えることができたか？
・自分のために何を願っているか？　あるいは自分の人生の中にいる他人のために何を願っているか？

できる限り具体的に書いてください。今週は集中力も解決能力も欠けていると感じたら、これまでやってきたエクササイズの一つか二つを実践して、自分にとってなにかポジティブな目標を設定しなおすのです。次週の目標としてなにか達成可能そうなものを決め、さらに長期の目標である「ネガティブな感情から解放される」も再確認しましょう。

## 努力しているかぎり、前に進むことができる

マインドフルネスは、その名前が示しているように、基本的には自分の心（マインド）と向き合うプロセスです。しかし、そのプロセスは、いろいろなものがないまぜになった状態だと覚えておくとよいでしょう。困難な時期ともなればなおさらです。ある局面では、変革が起きているという感覚を確かに味わえた。いくつかの分野で障害を克服し、感情の自由をある程度体験することができた。その一方でいまだ自分はもがいている、ついネガティブで非生産的な行動に走ってしまい、それによってろくでもない結果を招いてしまった。いつの世でも完璧な人間などいませんし、私たちの人生にはいろいろな失敗や重荷がつきものです。

間違いをいくつも犯したと気づいたり、激情や恐怖にとらわれたりすると、自分は失敗したと思いがちです。でも、全体像を見失わないようにしてください。そうなったからといって、自分が選んだ道を進むことができていないとか、成功への道を歩んでいないなどと思う必要はないのです。どのような形であれ、自分の心と向き合っている限り、あなたは前に進んでいるのです（そうしてなかった時だってありましたよね？）。自分の昔ながらの性癖をそうと認識し、それをど

うにかしようと努力するかぎり、その力を削いでいくことはできるのです。自らの幸せな未来のために、よりポジティブな基盤を培うことができるのです。この観点からすると、失敗も私たちの成果の一部です。しばしばそのことを私たちは見落としがちではありますが。

人生がそうであるように、自分の感情との付き合いも、完璧さを求められるわけではありません。乱れた心がドアをノックするたびに、その本質をすぐに見て取れるのが「あたりまえ」などと思わないでください。いつの日にかできるかもしれませんが、それは決して「ごくあたりまえのこと」ではないのです。同じように、アメリカンドリームさながらに、毎年のように収入が増え、ビジネスが発展し、前より大きな家が手に入り、安全かつ快適な未来を築き上げられると期待しているならば、ただの理想を「あたりまえ」のものと勘違いしていることになります。そもそものような考えは誤っているし、話がどう展開していくのか最初からわかっているマンネリ化した映画のように面白みに欠けます。現実の人生では、なんでも起きうるし、実際に起きるのです。それが無常と変化の理(ことわり)であり、私たちの人生をひとつの冒険のようなものにしているのです。このことを心に留めておけば、私たちはより実際的に、より勇気を持つことができるようになるでしょう。

私たちは戦士のような勇気を持つ必要があります。折々敗北に向き合ってそれを受け入れ、自分の苦しみと惑乱を、マインドフルで目覚めたものに変容させる勇気です。ボクシングや武術のチャンピオンのように、最後に勝利を得るためにはいくつかの敗北を受け入れ、そこからの学びを厭わないことが肝心です。時に世界中からサンドバッグも同然の扱いをうけて、四方八方から殴打されているように感じることもあるでしょう。そんなときこそ、喪失感や失望、悲しみや痛みは、自分の、そしてすべての人々の人生の一部をなしていることを思い出してください。自信が増し、心への向き合い方が巧みになってくると、ありえない理想を追い求めることもなくなります。自分の人生を、驚きと新鮮な機会に満ちた有意義な旅とすることができるようになるのです。それがどのように進み、どのような様相を示すかは、あなた次第です。でももし、本当に自分自身を、そしてまた苦しみに満ち溢れた世界を救いたいと望むなら、あなたの慈悲の心を燃えたたせてください。

# 第二部　感情をさらに探求する——古典的な仏教のアプローチ

# 第十二章　ブッダの道

この宇宙にはあなたが確かに改善できる一隅がある。それはあなた自身だ
——オルダス・ハクスリー

感情と向き合い、それによって得られた自分自身の体験を、西洋の友人たちと分かち合おうとしたとき、共通の基盤に拠ってコミュニケーションを取るには、まずは西洋の観点に立った感情の定義を理解する必要があることに気づきました。さもなければ、総じて話が込み入ってしまうだけでしょう。そこで、心理学者、心理療法士、精神科医などの多くの友人に声をかけ、それぞれの分野での「感情」の定義について聞いてみることにしました。そこで判明したのは、各々の分野でも感情の定義はひとつではないということでした。人それぞれが受けてきた訓練や目的によって定義が異なるのです。その一方で誰もが共有している感情の解釈もあります。それらは夢にあらわれたり、歌になったり、物語となったりするのです。そんなわけで、心と脳の関係性を、個々人の私的な体験と科学者たちの観察の結果得られたものの関係性を、真に理解できるようになるまでには、まだまだ多くの課題が残されているのです。

ここで、ERプランの教えの源について、感情がもつ智慧について、古典的な仏教思想の観点に基づいて解説したいと思います。仏教は、何千年もかけて哲学的な分析や思索、瞑想体験に基づく心の研究を行ってきました。ブッダの時代からこのかた、この智慧のエッセンスは経験豊かな師から熱意ある弟子へと脈々と受け継がれ、これらの教えが真正で生きたものであることをあかしてきました。いつの時代であれ、自分の感情を理解するための最初のステップは、自分の心を知ることだったのです。それはつまり、あなたを喜びや涙に誘う思念と感情、期待と怖れが忙しく逆巻く波の正体（すなわちあなたの心）を知るということなのです。

## 感情の智慧

一般的にブッダの教えは、三つのステージを踏んで、いいかえれば一歩一歩レベルをあげて進んでいく指南書として示されています。各ステージは人間としての可能性を十全に悟ることを目指し、どのステージも特定のゴールラインを越えるための独特の手法を持っています。これらのステージは、ERプランにおける感情への三つの視点、すなわちネガティブなもの、ポジティブなもの、そのどちらでもない偏りのないものそれぞれに対応しています。

この探求の旅の第一のステージにおいてはまず、自分と個々人の自由に焦点をあてます。自分の内なる葛藤と向き合うことによって、強くあり、独立独歩で、自身の感情に責任を持つことを学ぶのです。ここでは自分の問題が何なのか、それを克服するために何が必要かを学びます。そしてついに自分を苦しみから解き放たなくてはという強い決意が生まれるのです。自分の心と感情に働きかけるだけの力と自信を身につけたら、第二のステージにおいて、他者を助けることを念頭に置くようになります。私たちの世界はより大きくなり、他者との関係性をより深めていくのです。最後の第三のステージでは、悟りの智慧が現れ、周囲の生き生きとしたエネルギーと自ずとつながることができるようになります。

この三段階のシステムに基づいて、私たちはどのように感情と関わっていけばよいのでしょうか。仏教では主な感情は三つ、貪り（情熱）、怒り（攻撃性）、無知であると説きます。これ以外の心かき乱す感情（煩悩）はことごとくこの三つから派生したものであり、もともとの感情を要素として含んでいます。私たちは、段階を踏んでこれらのネガティブなエネルギーをすべて変容させ、感情を本来の状態に、清浄にして思いやりにみちた悟りの智慧へと戻してやるのです。日々自分の体験を精査し、三つのネガティブな感情のいずれかが表面化したときに、それをそうと認識し、それらによって引き起された問題をとらえるのは有益なプラクティスです。

八世紀のインドの大学者シャーンティデーヴァは、貪りの身内である執着が、喜びを追い求めるうちに大きな苦しみを引き起こすことについて以下のような譬え話をしています。

あなたは蜂蜜を見つけたとしよう。とても甘い香りがするので、どうしても舐めたくなる。ところが、ひとつ問題がある。このおいしい蜂蜜は、スプーン付きの素敵なボウルに入っているのではなく、鋭い剃刀に塗りたくられているのだ。そこで、あなたは蜂蜜を軽く舐めてみる。あまりのおいしさにもう少し欲しくなる。さらに、またさらにしっかりと、必死になって舐めていくと、ついには蜂蜜への渇望に支配されるようになる。蜂蜜にとらわれればとらわれるほど、さらに強く舐めたくなる。最初のひと味は喜びをもたらすが、いったん欲望に火が付くと、舐めるたびに蜂蜜の下に隠れていた剃刀によって舌の一部を切り落とされるが、それでもそのことに気づきもしない。まさにこれはR指定ものの残虐さです。

怒り（攻撃性）や無知の感情は、それとは少々異なる種類の苦しみを引き起こします。怒りに心を支配されると、安らぎを見出すことは不可能になります。体は震え、心は煮えたぎります。意識を集中できなくなり、リラックスすることも夜ぐっすり眠ることもできません。また、無知の影響下で動き回るのは、ある種の目の見えない状態に陥るようなものです。いってみれば薄暗い部屋の中でものを認識しようとするようなもので、曖昧模糊（あいまいもこ）とした知覚しか持てないのです。感情が湧き上がってきてもそれを見て取ることができない。さらにそうした感情がもたらすであろう影響を、それがどのような行動につながっていくかを理解できない。本質的に自分の苦しみというものが無知なる心とつながっていることを認識できずにいるのです。このようにすべての心かき乱す感情（煩悩）の中には、無知の資質が——限られた範囲しか理解が及ばないという特徴があるのです。これが無明（むみょう）と呼ばれるものであり、ブッダの道を実践することで、それが明知（悟りの智慧）と洞察に変容するのです。

自分の感情がどう働いていくか理解できない限り、私たちは感情のなすがままです。ある瞬間幸せだと思っても、次の瞬間には悲しみや孤独感を覚えたりする。自分の感情の天気予報チャンネルなどあるわけないのです。明日、晴れるのか曇りなのかわかるわけもない。どうして私たちはただ幸せになれないのでしょうか？　それは私たちが「我」というあやまった概念に固執しているからだとブッダは述べられています。自分自身の宇宙の核をなす「我」あるいは「私」は、私たちが思い込んでいるものとまったく異なるものなのです。私たちには、本来持ってもいるはずもない資質を、勝手に「私」なるものに付与してしまう癖があるのです。

例えば、私たちは、この「私」なるものが今この一瞬も、次の一瞬も、今日も明日も、今年も来年も基本的に同じものであるととらえています。「生まれてから今この瞬間に至るまで、私はずっと私であり続けてきた。確かにある種の変化（身体の成長や老化、知的な発展、記憶や経験の蓄積）はあるだろうけど、そうした変化を超えたところに『私』と認識できるものがあるのだ」それが何なのか曖昧模糊としているのに、ゆるぎない永続性をもった「我」という概念に私たちは固執しているのです。そんなものなど存在しえないとあらゆる証拠が示しているにもかかわらずです。

この「我」、すなわち個人のエゴを探し求めることが、仏教の教えの中心的な修行法となります。この「我」なるものを、自分の心身の中や、はては空の上に至るまで探し求めてみても見出すことはできません。そこで見出すことのできるのは、豊潤で、美しく、クリエイティブで、ダイナミックな体験の流れです。五感の紡ぎ出した世界や、思考や感情、想像力の流れです。私たち自身、ゆるぎなく恒久的なものであると思い込んでいる「我」が単なる幻想にすぎないと直感のレベルではわかっているのです。それでもそこにしがみつき続けますか？　それとも手放して、新しい体験に身を任せてみますか？　あるいはエゴの命令に従ってこの立場を死守して戦いますか？　心かき乱す感情、つまり煩悩というものは、固執と疑念まみれの虚妄の界から立ちのぼり、真実の自分を直接的に体験できないよう、私たちの意識を逸らしています。私たちは、相克する感情と思念の戦いの場に一人で立ちつくし、選択の余地なく戦士へと変身するのです。

# 第十三章　戦場の戦士

敵を友人に変えることのできる唯一の力は愛である
——マーティン・ルーサー・キング・ジュニア

感情と向き合う第一のステージでは、心かき乱す感情（煩悩）を敵、自分を戦場の戦士と見なします。通常、私たちは自分に危害を及ぼすもの、痛みや苦しみをもたらすものを敵と呼んでいます。その意味で、長いこと私たちに深手を負わせ続けてきたネガティブな感情は、まさに敵と呼ぶにふさわしい存在でしょう。

## 敵としての感情

自分を戦場にいる戦士とみなすのは、仏教経典にある伝統的な譬えです。この戦場で、あなたは敵と一対一で、顔を突き合わせて戦うのです。この戦場では、挑戦者それぞれと、躊躇（ちゅうちょ）なく、力技で戦わなければなりません。さもなくば敗北するだけです。怒り、貪り、嫉妬、傲慢、無知、不安、これらすべての感情はあなたの幸福な思いを打ち壊すすべを持っています。自分の正気を脅かしかねない激烈な感情と出くわした時、どうしますか？　そうした感情に襲われるや否や、なんとかそれを滅ぼそうとするのです。ネガティブなエネルギーに圧倒される前に、それを打ち負かそうとするのです。どれほどうまく戦えるか、どれほど巧みに武器を扱えるかは、これまで基礎的な訓練をいかほど積んできたか、教えに耳を傾け、それについて考えをめぐらし、瞑想してきたかにかかっているのです。

戦場での体験を積むと、戦士としての智慧が育まれていきます。自分の敵の強みと弱点を、特に強みについて深く知ることができるようになるのです。つまり、敵を見くびることなどなくなります。また、自分自身のこともわかってきます。戦いの場における自分の強みと弱点を知り、さらなる訓練をいつ求めればいいかもわかってくる。この二つの智慧を備えることができれば、次は敵に打ち勝つだけです。感情が立ちのぼって来たなら、まずその破壊的な力を認識してください。自分が何を相手にしているのかをわかっていなくてはいけません。一見無邪気そうに見える攻撃的な思考も、マインドフルネスや気づきを失ったとたん、突如爆発して、酷い苦しみをもたらすこともあると覚えているはずです。

あなたの心という戦場で起きている戦争には、「感情的な心」という敵とそれを配下に置く「エゴ（我）」という王が敵として立ちふさがってきます。このエゴは我執によって要塞化されています。さらに、王は貪り・怒り・無知という煩悩の三毒の将軍たちを召し抱えています。この戦場の最前線にいるあなたのもとに敵の大軍が迫りつつあります。彼らはエゴという最新ハイテク兵器で武装しています。その背後からは、工兵部隊が足並み揃えてこちらに突き進んで来ます。この時点で、あなたはこの戦場でひとりぼっちであることを認めざるを得ません。それでもあなたは力みなぎり、勇気凛々その場で立ち向かうのです。

と同時に、自分にはなんらかの弱点があることも承知の上です。戦いという戦いにことごとく勝てるわけではありません。敵の戦力があまりにも強く、三毒の将軍やその配下の軍隊を打ち負かせないなら、逃走したほうがいいでしょう。時には、戦略的撤退が最も賢い行動になるのです。愚かな戦士である必要はありません。これは自滅の戦いではありません。

戦場から逃げ出して、どこへ行けばいいのでしょうか？　瞑想用の座布団です。それ以外に逃げ込める場所はありません。エゴとそれが持つ力についてもっと知ろうと思ったなら、座布団に駆け戻り、自分の心がどのように働くのかさらに学ぶのです。ネガティブな感情が携えている武器は何か、あなたを打ち負かすために用いている卑劣なテクニックは何か知るために、自らの内面を見つめるのです。

このステージでは、注意深さをもって自分の感情にアプローチします。心のネガティブなエネルギーを無力化するつもりなら、そのネガティブな力をよく知る必要があるからです。そこで、自らのスキルを試す準備が、反撃のための準備が真に整うまで、マインドフルネスと気づきというスパイを送りだして、相手の動きを研究し、宿営の写真を撮らせるのです。いつ敵から逃げ出してもかまいません。出撃と逃亡をくりかえせばいいのです。賢い戦士として、あなたにはあなたなりの秘訣があるのです。

負け犬の子供が傲慢ないじめっ子に叩きのめされるという武術の映画がありますよね。少年は半死半生の目にあわされ、逃げるしかなかった。そんな彼を救ったのは、老いた武術の達人です。達人は少年を鍛え上げ、チャンピオンにします。少年は棒を巧みに操って猿のように走り、宙を舞う。そしてついに、戦士としての技をすべて身につけるのです。少年はいじめっ子に再び立ち向かいますが、それは自分にとっての真の腕試しとなるのです。闘いそのものは勝利を収めることはできましたが、腕力による勝利ではありません。少年自身が、勇気と再起の力と思いやりの力によって、自分の内と外の破壊的でネガティブな衝動をことごとく断ち切ることができたからです。そのことによって、敵もまた変容し、少年に対して敬意を表し、頭を下げるようになったのです。

つまり、あなたにとっての瞑想用座布団は、敵を打ち負かすための内なる資質と力を見出すための場所なのです。そうなって、ようやく自分には何者によっても打ち負かされることのない智慧と慈悲が本来備わっていると主張できるようになります。自らの智慧や慈悲とゆるぎなくつながることができたとき、敵であるネガティブな心に会いに行く準備も整っています。自分のネガティブな心を克服するのは、実のところ、他人のネガティブな感情的な心に打ち勝つことと同じなのです。どうしてそんなことが可能なのでしょう？　自分の破壊的な感情に、つまり煩悩に打ち勝つことができれば、自分を取り巻く世界に強い影響を与え、他の人にも同じレベルの平安と心の寂静をもたらすことができるようになるからです。私はまさにそのようなことをなしとげた人々の話を耳にしたことがあります。マーティン・ルーサー・キング牧師、ネルソン・マンデラ、アウン・サン・スー・チーといった人々です。

だから、力を回復しよう、力を養おうと思うなら、まず戦略的撤退の道を選んでください。そして、再び戻って戦うのです。戦士は永遠に逃げだしたままということはありません。

## 友としての感情

第二ステージでは、戦士は敵に対して異なるアプローチを取ることになります。ここでは自分の感情をただ単にネガティブなものと見なしはしません。またもっと素敵なものを追い求める中で、否定したり切り捨てたりするようなものでもないのです。ここでは、自分の感情にポジティブな側面もあると見なします。つまりネガティブな感情のエネルギーに働きかけることで、それを変容できるとわかっているのです。情熱（貪り）、攻撃性（怒り）、無知をただ有害なものと見なすのではなく、これらのエネルギーを利用することで、この感情の混沌のすべてから自らを解き放つことができるとわかっているのです。

戦いを重ねるうちに、顔馴染みになった敵が友達のように見えてきます。敵の存在がなければ、自分は戦士になれなかった。敵の領地がなければ、征服すべきものもない。だから今、心の戦場で感情が昂り始めても、怯えたり苛立ったりすることなく、逆に勇気が湧いてきます。そしてこう言い放つのです。「来るなら来い！」　実のところ、あなたはそれに喜びすら感じるのです。こうしたパワフルな感情はありがたいものと見なせるようになっているのです。彼らが挑みかかってくれるおかげで、あなたはより強くなれるのですから！

この時点で、あなたと感情の関係はこれまでとは逆になっています。もっと感情に近づきたいという衝動が起きてくるのです。これまでのように相手を徹底的に打ちのめす代わりに、真のつながりを打ち立てたくなっているのです。友達になりたい人に心惹かれるように、あなたは自分の情熱（貪り）や、攻撃性（怒り）に惹かれるのです。戦士が敵とこのようなつながりを持つのは、少々危険を伴います。ここでは戦士が持っているすべての智慧と巧みな技が求められるのです。結果がどうなるか、なんの保証もありません。なにせ強力な感情と対峙しているわけですから。彼らもしばらくは敵のように振る舞うことでしょう。しかし、敵である彼らと友情を育んでいくうちに、相手の力が自分の力の中に統合されていくのです。かつてあれほど激しく戦ったその同じエネルギーから今度は恩恵を受けられるようになるのです。

良い戦士は、敵軍を殺すのではなく、征服することをゴールに掲げます。そして自分の軍隊に、自分の国民に、そして敵国のすべての人々に幸福と喜びをもたらすのです。敵の殲滅（せんめつ）をゴールとすべきではありません。思考し、感じることができるすべての生き物が味わっているありとあらゆる苦しみを幸福へと変容させることをゴールにすべきです。つまり、あなたが望んでいることを成し遂げられるかどうかは、どれだけ敵と心を通わせ、友情を育めるかにかかっているのです。この結びつきが戦士としてのあらゆる資質と技を高め、豊かにしてくれるのです。

## 悟りの智慧としての感情

感情への向き合い方の第三ステージにおいては、感情の赤裸々な力と創造性それ自体を悟りの智慧とみなします。この時点で、私たちは感情そのものを悟りへの道ととらえるのです。つまり心の自然(じねん)の智慧を悟るために、感情を用いていくのです。怒り、嫉妬、貪り、怖れ、疑念、不安といったこれまではなんとか逃れようとしていた、あるいは変容させようと務めていたあまたの煩悩のすべてを、実は智慧の異なる資質のあらわれであると認識するのです。そのような感情を押し留めたり、変容させたりする必要などないのです。雲が太陽の光を遮るように、私たちの感情的な心も、概念的思考によって覆われて曖昧になっています。もしこの二つを切り離すことができれば、私たちは心の悟りの境地を実際に目にすることができるのです。

怒り、貪り、無知、そしてエゴそのものを、あるいは感情的な心のいかなる要素であれ、それを見つめていけば、心かき乱すエネルギーによってもたらされた痛みや不快感の彼方にある深いメッセージを手に入れることができます。その鮮烈なあり方は、自分の顔を映しだす鏡の役割を果たします。あなたはなにも暗い部屋の中で鏡の前に立っているわけではないのです。あなたの悟りの智慧は、その空間を照らしだす光であり、鏡に映った自分の顔を見ることを可能にしてくれます。感情が手を貸してくれるおかげで、あなたの真の本質（エゴを超えた超越的自己）を見ることができるのです。余計な解説抜きで、ただそれを味わっていけばワンネスや一体性の感覚が生じます。この時点で、あなたは自分の顔が見えるようになるだけでなく、それを認識できるのです。

第三ステージの体験は言葉で説明するのは困難です。この変容のプロセスの本質的な部分は概念の彼方にあるからです。この時点で、戦場の戦士は宇宙的な次元に入り、心の直感的な理解によって動いていきます。外見的にはエゴや怒り・貪り・無知の三毒の将軍たちとの戦いは続いていますが、戦果はもはや問題でなくなっているのです。戦士は、大いなる広がりを――輝かしくも広大な悟りの智慧の虚空の広がりを完全に支配できるようになっており、この広がりが自分に属していることに絶対的な自信を持てるようになります。そこはすでに敵の領域ではないのです。戦士はこの大いなる広がりとひとつになっています。戦士が動くと、全世界が震撼（しんかん）したかのように、すべての虚空の広がりが動いているように感じられます。戦士と悟りの智慧の広がりが合体した中で、敵――あなたの心をかき乱す感情（煩悩）や我執は、空間という宇宙的な鏡に映し出されます。カラフルな映像は鏡に命を吹き込み、彩（いろど）ります。それらがないと、鏡は退屈な映像しか映し出さなくなってしまうでしょう。

このステージともなると、戦士は虚空の広がりのみならず、地上と海のすべての支配者にでもなったかのようです。情熱（貪り）も怒りも嫉妬も海の波も同然、それらすべてがあなたの心の海から立ちのぼり、また海の中に溶けゆくだけなのです。戦士が広大な心の海を航海していく時、あらゆる次元の波が立ちのぼり、彼の勇気と自信に挑んできます。それと同時に海をも美しく彩るのです。波のある海の旅はちょっと怖いけども、面白いし、楽しみがある。逆に波も起きない海はけっこう退屈なものです。誰もそんな海など航海しようと思わない。同じように、概念も感情も欠いた心は、とても退屈で愚かしいものです。

波によって飾られた海は、敵の装いさえ自分の飾りにしてしまう戦士のようなものです。これはいったいどういう意味なのでしょうか？　装いによって体験を「飾る」とは、自分の体験を豊かで生き生きとしたものにし、喜びすら覚えるということです。戦士はもはや敵を敵とは見なさず、友人として扱うこともない。敵・味方という概念はついに克服され、あなたの勇ましい心の一部となるのです。この瞬間、私たちは自ずと勝利するのです。この勝利は隅々にまで浸透します。勝利とは至福との合一です。戦士は、英雄は、敵の輝かしい装身具を身に着け、堂々と立ち上がるのです。

今すぐ、こうしたことを理解するのは少々難しいかもしれません。でもそれは理解可能な素晴らしいことなのです。これは私たちを新たな場所に連れ出してくれる旅です。あるいはすでに訪れた場所に戻るのかもしれません。これまでその地の食事を味わい、いくつかの名所旧跡を訪れてきたものの、今度は自分の故郷のように感じられるこの国の言葉を学び始めるのです。急ぐことはありません。一日一日、この目新しい環境に馴染んでいくのです。

戦士と虚空と敵が一体化した、あるいは緊密な関係になってしまったというのは、私たちのエゴにとって恐るべきニュースです。と同時に、それは素晴らしいニュースでもあります。なぜなら、私たちがついに見出すことのできた智慧とは、私たちのエゴの中の智慧だからです。実のところ、このスピリチュアルな旅をしているのはエゴなのです。スピリチュアルな旅は、まずエゴの旅として始まります。この「勇敢なエゴ」が、自分を自分自身から解き放つために旅に出ようとするのです。エゴは、エゴレス（無我）の道を探求しているのです。だから、このエゴへの固執（我執）のうちにある種の魔法があるのです。智慧はそこに存在しているのです。

同様の智慧が、エゴ配下の将軍である情熱（貪り）、攻撃性（怒り）、無知のなかに、さらにはその配下にある歩兵たちの中に存在しています。それ以外のどこか別の場所に答えを求めている限り、その魔法を見ることはできません。でも私たちはどこであれ答えを見出すことはできるのです。たとえ質問をまだ投げかけていなかったとしてもです。その答えは自分のスマートフォンほど間近にあるのです。そして私たちの人生を変容できる真の智慧は、それよりさらに間近なところにあるのです。外にある何かではなく、自らの感情とそこに潜んでいる智慧を、大胆で美しいエゴ（我）を、そしてそのエゴの中に潜んでいる智慧を信頼することで、私たちはそれを見つけ出すことができるのです。

# 第十四章　仏教徒とは何か？

状況を変えるのではなく、自分を変えることのほうが必要であることがずっと多い

――A・C・ベンソン

ERプランを利用するのに、なにも仏教徒になる必要も、スピリチュアルな世界にはまる必要もありません。こうしたメソッドを用いたとしても仏教徒になることはないのです。とはいえ、もしこれが仏教の伝統的な理論と実践に根ざしているなら、どうしてそのようなことが可能なのでしょうか？　まず、仏教伝統そのものを見てみるのが一番よいかもしれません。では仏教徒であることとは何なのでしょうか？　「ブッダの道」と呼ばれているものは何なのでしょうか？

仏教徒であるということは、生まれつき備わっている潜在能力を培い、智慧と慈悲を発現させるために、自らの心と実際に関わっていこうと望むことです。それこそ仏教の要であり、仏教徒を定義する属性なのです。仏教は世界の主要な宗教のひとつとみなされていますが、ブッダの教えは必ずしも宗教的ではありません。仏教徒になるのは、キリスト教の教会や宗教グループに加わるのとは違うのです。もちろん、信仰に基づいた宗教的なアプローチをする選択肢もあり、世

界を見渡せば、いくらでもそのような例を見つけることができます。しかし、本気でブッダその人をお手本にしてつき従っていくなら、それ以上のことが求められるのです。つまり自分の全存在のより深いレベルを覗きこみ、それを明らかにするべく努力しなければならないのです。

仏教のこのような考え方は、一方では人生哲学に、他方では心の科学に近いと言えましょう。というのも、心にまつわる知識を追求し、それによって得られた智慧を人生に役立てようとするからです。このような形で実践される仏教は、地に足のついたわかりやすいものなのです。

それは私たちの人生をこみいらせるものではなく（宗教はしばしばそのようなことを引き起こします）、単純明快にしてくれます。私たちの生活や世界はすでに厄介事で満ち溢れてるのです。さらにその上に新たな厄介事など必要なのでしょうか？

つまるところ、自分とは誰なのか、自分の心と、感情と、基本的な潜在能力とどう関わっていくかを問うのが仏教徒の道なのです。ここで言う道とは、関わる前にまず家の外に出て見つけなければならない「外にある」何かではありません。神秘的な山頂を目指して長らく山を登るわけでもありません。これは日常の生活とまったくかけ離れることのない、自分とは誰なのか、何なのか、いかにして古く悪しき性癖を断ち切って最良の資質を輝かせることができるのか、そうしたことと関わっていく道なのです。

ここで大切なのは、自分の人生と道を別々にしないことです。最初のうちは別々のように感じられるかもしれませんが、この二つを統合することで、旅の体験に大きな違いが生まれます。最初のうちはこう考えるかもしれません。「ＯＫ、これが私だ、これが私の人生だ。そして、私の人生に時折交わってくる『私の道』なるものがある。」でもそんな考え方をすると、道とは日常性の外にある特別な何かのようなもの、パーティーに向かうようなものになってしまいます。「よし、今から部屋に行って瞑想することにしよう。」それを終えて、部屋から出たとたん、また「私と私の人生」に戻ってしまい、「私の道」はどこにいったのやら、見えなくなってしまうのです。そんな状態が続くようなら、ブッダの教えを本当に理解しているとは言えないでしょう。

仏教は最も奥深い苦しみから私たちを解き放ってくれる自己認識を育むためのさまざまな方法を説いてくれます。こうした苦しみの原因は、私たちの心の澄明なる本質を見えなくしている多層の混乱にあります。この混乱こそが、私たちが本来持っている慈しみの心とあわれみの心を表に出さないよう妨げているのです。

## ブッダのワークショップ——自分の心を研ぎ澄ます

ブッダは私たちが心と関わっていくための八万四千種類の方法を説いたと言われています。いってみれば万能の工具箱を残してくれたようなものです。この工具箱には、さまざまな場面で用いることのできる道具が揃っています。ゆるんだネジはマイナスドライバーで締めますか？　それともプラスドライバーで締めますか？　間違った道具を使おうものなら、仕事が片付くどころか、事態を悪化させかねません。ネジを毀したり、壁のネジ穴を台無しにしたりとか。そもそも正しい道具を使いさえすれば、きわめて簡単に片付く仕事なのにです。でも、今のところ道具は工具箱から勝手に飛び出して作業してくれるわけではないですよね。つまり、あなた自身が仕事に取りかからないといけないのです。

ブッダの説かれた心の処方箋はある種の問題を解決するときに用いる道具にすぎません。でもまず最初にそれらの道具を手に入れ、ひとつひとつの道具について熟知し、それをどう用いるのか学んでおく必要があります。さらにはしかるべき時がきたら、ものごとが悪化して少々心もとなくなってきたらしかるべき道具を使えるように準備しておかないといけないのです。

ある意味で、ブッダの教えとは、医師の待合室に置かれた雑誌に掲載された自助プロジェクトのようなものです。ブッダの教えに従って修行していると、自分の心と感情の真の姿が次第に理解できるようになります。こうして得た知識を吸収していくと、それが自分個人の体験となっていくのです。体験に馴染んでいくうちに、ついには言葉をこえた悟りへと進んでいくのです。いってみれば、一冊の本を読み、そこに述べられている言葉を理解し、それが意味するところを実体験し、さらに強く豊かな人生を生きることで、それらを体現するようなものなのです。

まずは教えを聞き、テキスト講読と討論のクラスに参加することで理解が深まります。そうしているうちに、ブッダの心についての教えが概念的に、はっきりと理解できるようになります。さらに、この概念的な心は、無秩序な雑念の集まりなどではなく、澄明な本質を持っていることがわかってくるのです。学びによって得られた理解を時間をかけて省察してみることで、体験が生じます。ただ心について**考え続ける**だけでなく、その知識を実際に**使ってみる**のです。たとえば怒りであるなら、怒りがどのような働きをするのか学んで、それを実際に自分の怒りの体験に落とし込んでみるのです。知識と体験を擦り合わせることで、洞察（観）の火花が生み出されます。

その段階で瞑想を行います。瞑想は、真の悟りを得るための完璧な舞台です。洞察（観）の火花が放たれ、混乱した思考がことごとく智慧の炎の中で燃え尽きたら、悟りを開くことができるのです。火花は、長らく、あちこちで飛び散ることでしょう。しかし、一旦火が燃え上がれば、感情の中の智慧への理解は不変のまま、そこに留まるのです。

ここで述べている瞑想の実践とは、ただ座るだけの瞑想、あるいは安らう瞑想のことです。瞑想にも、マントラを唱えるもの、仏の姿を観想するものなど様々な方法が説かれていますが、ブッダの説く安らう瞑想は、ただ座ればいいのです。リラックスしつつ背筋をのばし、ゆったりとした視線を保ち、呼吸を追うこと以外何もしない。なにかの思考が浮かんだら、それを手放すのです。

## さらに瞑想について

私たちは、昨日の出来事や、十年後に起きるであろう出来事について、常に思いを馳せています。いってみれば精神的なタイムトラベラーであり、常に過去と未来の間を行き来しており、今この瞬間をぶらついているのは不得意なのです。たとえ体を動かしてなくても、精神的に何か忙しくしていたいのです。ですから、初めのうち、ただ座っているだけという修行はけっこう斬新に見えるかもしれません。しかし、日常のストレスや不安を手放すには、これまで完全に駆逐するのが難しかった落ちつきのなさを和らげるには、これが最適であると証明されています。

瞑想の実践のポイントは、まず、常に何か忙しくやっていないと気がすまないという日常の性癖を変えることです。それのためには、しばらくのあいだ何もせず座っていればいいのです。ここでやるべきことは自分の心を見つめることです。マインドフルネスを伴った形でこれを行い、どこかに心がさまよっていっても、もとに引き戻すことを忘れなければ、お馴染みの癖は時折顔をのぞかせるだけになります。これは大きな変化といえましょう。

ただ座るというだけのプラクティスに慣れてくると、ぱっとひらけた、解放されたような感覚を、輝かしくも澄みわたった感覚を味わえるようになります。それこそがあなたの自然(じねん)の境地であり、あなたの心の本質そのものであると認識できるようになるのです。ここでは苦しみはなんら力を持ちません。それは立ちのぼるや消え失せていき、跡形もなく消滅します。

瞑想にも多くの種類がありますが、いずれも心身を落ち着かせ、今この瞬間に意識を向けるものです。目でとらえた対象に軽く意識を向ける、息の出し入れにゆったりと意識を置くといったことをすると、心身を落ちつかせるのに役立ちます。このように時間を取って静かに座って瞑想すると、余計な力が抜けて、ありのままの自分でいることができるのです。これはより深奥なレベルで自らを知るための方法なのです。さらにただ座って、自分の心を見つめてみてください。思考や感情や感触がやってきては去っていくのを見て、そして手放すのです。それらのものになんら干渉する必要はありません。それをどうにかしようとか、それらが投げかけてくる質問を解決しようとか、評価しようとか、レッテル貼りしたり、押し殺したり、褒めたり、罰したりする必要はないのです。軽く触れては去るにまかせる、ただそれでいいのです。こちらが思考を煩わそうとしなければ、その分だけ思考もあなたを煩わそうとしなくなるのです。

その結果、あなたは自分の心を理解することができるようになるのです。何が心を駆り立て、何が心を落ち着かせるのかわかるようになる。心のつぶやきに耳を傾けているうちに、次第に心と友達になっていくのです。心は自分のやり方にひたすら固執する傾向があるかもしれませんが、その一方で真理を見抜く力や創造力、慈悲心といった能力も備わっていると理解しはじめるのです。

私たちの心は、常に忙しく、しばしばストレス過多になっています。それをあたりまえのこととしてとらえているのかもしれませんが、心にはこれまで私たちが認識できず、想像だにしてこなかった、豊かでパワフルな資質があまた備わっているのです。自分の内側を見つめていくと、感情のクリエイティブでエネルギッシュな領域に入って行くはずです。やがてあなたは、心に浮かんできた一つの感情を、たちどころにそうと見分けることができるようになります。それは曖昧模糊としたものではありません。そして、こうしたことすべては、ただ座って自分の心の中で起きていることを眺めてさえいれば——子供が遊んでいるのを、あるいは雲が流れゆくのを眺めるかのように見てさえいれば、起きうるのです。

心にまつわるブッダの教えにちょっとでも耳を傾け、その意味について考えを巡らし始めたなら、工具箱を開けて、道具類をどうやって使えばいいのか学び始めたことになります。少しばかり瞑想を行ってみれば、自分が実際に自分の心に働きかけられる、心を落ち着かせたり、目覚めさせたり、鎮めたりすることができると気づくはずです。主導権を握っているのは自分であり、自らの歩んでいる道が本物であることに気づき始めるのです。「ああ、そうだったんだ」と。こうして自分の感情の探求がさらに興味深くなっていくのです。

## 母から聞いた物語

母がこんな話を語ってくれたことがあります。インドで初めて女友達と映画を見に行った時のことです。二人はインドの人気俳優が主演した映画を見ていました。映画の中で、善人の主人公は悪党から拷問され、血を流し、体中に切り傷ができるまで殴られ続けます。悪党たちはさらに主人公の傷口に塩をすり込んでさらに拷問するつもりでいます。それを見た母の友人は動揺のあまり、立ち上がって叫んだのです。「駄目よ、駄目、お願いだから止めて！」映画館の中で本当に絶叫したそうです。別の現実の中で我を忘れるのはかくも容易(たやす)いのです。初めのうちは、自分でも映画を見に来ているとわかっていて、映画に乗せられたふりをしている。でも、しばらくすると、スクリーンに映し出されているものを信じるようになってしまう。実のところ、これこそが良い映画といえるのです。映画に没入するあまり、映画製作者が創りだした幻影のなかに入り込んでいることを失念してしまうのです。私たちもそれと同じ、自分の創りだした幻影に入り込んでしまっているのです。そして自分の感情のドラマにとらえられ、スクリーンの光に向かって叫んでしまうのです。

問題は、そうなったときにどう対処するかです。常々ひっかかってしまっている罠に陥いらないようにするためにはどうすればよいのでしょうか？　ここでは出口戦略が必要です。罠から逃れるための計画とは何でしょうか？

自らの心に直接働きかけるには、自分自身を苦しめている性癖を変容させるには、なんといっても瞑想が有効です。といっても心にしみついた性癖をたかだか一回の瞑想で変容することはできません。でも、瞑想は変化のプロセスに火をつけることができるのです。思考や感情体験を、浮き沈みや、行きづまったり、混乱したりといった日常生活の体験すべてを――それがどのようなものであれ、瞑想体験の中に落とし込んでみましょう。それをやっておかなければ、感情的な性癖に支配され始めた時に、それを変えるためどんな手を打てば最も効果的か見出すことは非常に難しくなってしまいます。「あーあ、元カノが新たな友人を連れてやってきたぞ。」そんな時、瞑想で培ってきたマインドフルネスと気づきが、その場でネガティブな性癖を変える力を培ってくれます。時間をかけてプラクティスを重ねていくことで、楽々とこのプロセスをこなすことができるようになるのです。くよくよ考える必要もなくなるのです。

## つまるところ

つまるところ、いくら学び、考えを巡らせてみても、それを自分の心と向き合うために使わなければ何の役にもたたないのです。なにかの本を読んで、ページに記されている言葉について考えを巡らしているだけなら、おしゃれなレストランに行って、ご馳走を注文しておきながら、実際に食べようとしないのとなんの違いもありません。それで飢えが満たされることは決してないでしょう。同じように、瞑想の修行なしに、自分の心の本質を本当に味わうことはできないのです。感情の本質である智慧を正しく知り、愉しむところまで至ることはできないのです。こうした知識は言ってみれば贋金のようなものです。それを使っても必要なものを手に入れることはできません。

切羽つまっている時もあれば、そうでない時もあるでしょう。十分幸せで健康であり、お金に余裕があれば、あなただってくよくよ心配したりしない。しかし、日々怖れや怒りに抗い、大きな喪失感に打ちのめされているなら話は別です。そして、誰にとっても切羽つまっている瞬間とは、死の床に伏して白い天井を見つめている時です。いまだ捨てきれない執着、後悔と恐怖に襲われた時、誰があなたの傍らにいてくれるのでしょう?

運がよければ、愛する家族や親友に支えてもらえるかもしれません。でも、その時点でのあなたにとっての至上の友とは、最も信頼に値する友とは、あなた自身の心です。ある地点から先は、誰もあなたの旅の道づれにはなれないのです。人生の終わりを迎えるいまわのきわに、あなたが見るであろう、感じるであろうものを、他人は見ることも感じることもできないのです。その瞬間もその先も、あなたとあなたの心だけで逝くしかないのです。自分の心を知れば知るほど、何が心を落ち着かせ、リラックスさせてくれるのか分かってきます。だからこそ、瞑想を通じて自分の心を見つめることが大切なのです。死を目前にした最後の思念こそが、まさにあなたを自由にしてくれるものかもしれません。

自分の心と向き合うことに習熟していれば、それだけでも十分なのです。誰かに救ってもらう必要もありません。あなたには智慧と力という道具があるのです。この道具さえあれば、挑みかかって来るどんな感情でも完全に変容させることができるのです。

# 第十五章　パンドラの箱

心とは人を駆り立て、運命を定めるもの
――イザベル・アジェンデ

自分の感情に働きかけ始めたなら、これまで目にしたこともない部分に光を当てることになります。いってみればパンドラの箱を開けるような、ちょっと怖いことかもしれません。中に何が入っているか知れたものではないからです。自分たちがコントロールできない闇の力を解き放ちそうになって、あわててもとに押し戻すはめになるのでしょうか？　それとも何か素晴らしい宝物を発見できるのでしょうか？

心と呼ばれている箱をついに開けてみると、ありとあらゆる種類のものが見つかります。あまたの思考、知覚、記憶、判断、態度、レッテル、概念……。新鮮なものもあれば、古びたものもある。活動的なものもあれば、不活発なものもある。そんなものが蠢（うごめ）いているのです。乱雑に物が詰め込まれた台所の引き出しのようになっている人もいるでしょうし、コンテナストアにいって、仕切り用トレイを買って整理したかのように、すべてをしかるべき場所に収めている人もいるでしょう。いずれにせよ、私たちはすべての経験を先入観や判断のフィルターを通して消化していくことで、このコレクションを増やし続けているのです。そして多かれ少なかれ、フェイスブックのシェアやブログやX（旧ツイッター）への投稿というレンズを通して、一瞬一瞬の自分の体験を解釈しようと努力し続けているのです。

その一方で、きわめて直接的でリアルな体験もあります。それは、この世界との密接な出会いのようなもので、なんらフィルターのかかっていない状態です。あなたとメールの間にも、あなたと子供の声の間にも、介在するものはなにもない。「良い」「悪い」とかいった判断が入り込む前の、今この瞬間の赤裸々な体験です。こうしたシンプルな直接知覚の後に、すぐに概念的思考が始まります。例えば目が何らかの物をとらえると、心がそれを「花だ」「自転車だ」と告げるのです。しかし、そうした概念的思考の直前には、純粋な人としてのつながりを示す原体験の感覚があるのです。私たちはこの心の原体験を「原初から存在しているもの（プライモディアル）」と呼んでいますが、これだと、恐竜が地上をのし歩いていたはるか遠い昔のことを指しているかのように聞こえることでしょう。しかし、ここでは決してそんなことを言っているのではないのです。それは「今この瞬間」という意味なのです。他人の意見や物の見方、自分の意見や物の見方が介在しない、赤裸々な体験のことなのです。

それに続いて起きる思考のプロセスやレッテル貼り、概念的思考などはすべて、私たちの体験を非常に狭いトンネルの中に押しこめ、閉じこめてしまいます。するとあなたは視野狭窄（トンネル・ビジョン）に陥ってしまうのです。こうなったら自分の思考が見せたいと思うものしか目にはいらず、聞かせたいと思うものしか耳にはいらず、嗅がせたいと思った香りを嗅ぐだけになってしまいます。これではブッダの説く心への向き合い方と真逆になってしまいます。花を見るなら、ただ見ればいいのです。シンプルに、何もつけ加えず。そして、歌を聞くなら、ただそれを聞くのです。

日常生活では、このような新鮮な体験を見逃しがちです。私たちはこうした瞬間をすっとばして、次の一連の体験が入り込んできたら目覚めるのです。私たちは常々希望や怖れやなんらかの見解にとらわれているため、せっかく五感と現象との直接的で純粋なつながりが生まれても、別のところで余計な考えに耽(ふけ)ったままでいるのです。

どうしてこれが重要と言えるのでしょう? 直接知覚は、私たちにより正確で、詳細な情報を、私たちのレスキュー・プランに必要な知識を与えてくれます。仕事に出かける前に、空や自分の着ているシャツの本当の色を見ることができれば、よりリフレッシュした気分になり、元気が湧いてくるはずです。

## ブッダは感情をどうとらえているか

ブッダの説によると、鮮やかに美しく輝く壮大なエネルギー・フィールドの中で、スパーク飛びかう広がりの中で、遊戯(ゆげ)しているのが感情なのです。エネルギー・フィールドそのものは、決まった色や形態を持たない純粋な水のようなものです。清浄で、透明で、そして清々しい。そこに思考が入り込んでくると、レッテル貼りや判断、ストーリーを創りだし、この純粋なエネルギーに色付けしていくのです。思考のひとつひとつが、水と混ざると色がつく顔料の一滴一滴のような役割を果たします。では、この純粋な心のエネルギーの中に思考が混じると、何が起きるのでしょうか？　私たちの心はとても彩り豊かに、明るく、表現力あるものとなります。これぞ私たちが「感情」と呼んでいるものなのです。

この効果満点のエモーショナル・ドリンク（ビタミンなど入ってない紫色やピンク色のビタミン・ドリンクのことではないですよ）には何が入っているのでしょうか？　成分は二つ、エネルギーと概念的思考です。栄養満点で、爽やかで、輝かしく、持久力のあるエネルギーと、そのエネルギーを彩り、味つけまでしてくれる二元論的思考、ただそれだけです。この二つを混ぜ合わせると、まさしくエナジー・ドリンクそのものになるのです。

エネルギーと概念的思考が一緒になると、次に概念化した心が関係ないものどうしを結びつけ始め、私たちはそれにつき従っていくようになります。「私のラッキーシャツを洗わないで！今日は大切な試合があるんだから」「ジャージー出身のあの男ときたら、どうして俺よりテストの点がいいんだ？　きっとカンニングしたに違いない！」こうして私たちはものごとをでっち上げ始めるのです。

概念化した心は、とても巧みにこのエネルギーに彩りを与え、味つけしてみせます。同じように巧みに場も与えるのです。実のところ、私たちの感情エネルギーには場というものはないのです。それは澄明で、オープンで、広々として明るく、境界線というもののないエネルギー・フィールドそのものです。概念的思考や尺度が出現する前にそれがあるのです。そこには、「私」も

「あなた」も、「ここ」も「そこ」もありません。概念的な心は、このエネルギーを一つの場に固定するという役割を果たします。それを私たちの思考とつながる何かに変えるのです。こうしてこのオープンなエネルギーに場と関連性が与えられるのです。

　それなしでは、私たちはこの世界で完全に迷ってしまいます。場と関連性は、私たちが「なにも心配ない」「この世界は理にかなっている」と感じるために欠かせぬポイントなのです。だからこそ、グーグルがあれほど大切なのです。自分がどこにいるのかわからなくなったら、携帯電話をとりだし、グーグルマップを開いて、現在地を表示すればいい。今の自分の居場所がどこか、どちらに向かえばいいか教えてくれます。私たちの概念的な心は四六時中このような仕事を果たしているのです。自分が、また他人がいるべき場はどこなのか具体的な現実感を持たせてくれるのです。これによって、私たちはありとあらゆる形で相互を関連付けることができます。これらが一体となることで、私たちの感情的な心は、より強烈な色合いを持ち、鮮烈で、明るいものとなります。すると感情は、ソーダ水のぶくぶく沸き立つ泡のような味わいを持つようになるのです。いってみれば凡庸な飲み物に活が入るようなものです。

　感情が人生の原動力であることに疑いの余地はありません。怒り、嫉妬、貪り、怖れ……。と同時に、そうした感情に目を向けてみると、私たちが「怒り」や「貪り」と呼んでいるものに確たる実体を見出すことは極めて難しいのです。そこにはエネルギーと概念的思考しかなく、それ以外のものは何一つありません。実質的なもの、確たるもの、つかまえることのできるものは何ひとつないのです。

よくある激昂（それ自体はエネルギーと概念的思考から成っている）も、エネルギーの乱れと衝突のあらわれです。この二つが一緒になったとき、その表現はどちらにも転びうるのです。私たちはそれを荒々しいとも、滑らかであるとも、否定的なものとも、肯定的なものであるとも受け取ることができます。しかし、怒りのエネルギーを純粋に見つめると、その本質が慈悲であることがわかります。このエネルギー・フィールドには、思いやり、暖かさ、オープンネスといった基本的な感覚があり、また、強烈なクリエイティブな潜在力をも体験できるのです。

血脈（けちみゃく）につらなるひとりの師の教えをビデオで見ていた時のことです。師が取りあげていたのは『般若心経』で、これはブッダの説いた空（くう）にまつわる古典的テキストです。この経典には、一切のものは空であり実体を欠いていることがきわめて美しく述べられています。師はさらに、いかに感情がよくないものか、ネガティブなものか説き始めたのです。感情なるものはすべて克服し、その空なる本質を悟らなければならないと。すると、聴衆の中にいた西洋人学生がこんな質問を投げかけてきたのです。「感情という感情をことごとく手放さなければならないのなら、どうやってクリエイティブになれるのですか?」実にもっともな疑問といえましょう。

現代のほとんどの文化は、感情が私たちの創造性に寄与していることを理解しています。私たちは、こうした御（ぎょ）し難い感情からインスパイアされた美しい歌をあまた持っているではありませんか。ブルース、カントリー・ミュージック、ロックンロールを聴いてみてください！　失望や後悔、憧れ、嫉妬、非難、貪りの心から生じた希望や怖れなど、すべてがそこにあります。

私の生徒さんのひとりに、クラシック音楽愛好家の方がいます。私に何か用事がある時、約束の場所に出かける時、彼女は運転手役を買って出てくれていました。常々流しているのはベートーベンやシューベルトといったクラシックです。なので、私も選択の余地なく（いつものガンズ・アンド・ローゼズではなく）クラシック音楽を聴くことになりました。でも、こうしたクラシック音楽もまたピュアで直截的なものであり、心を強くゆさぶるとともに、慈悲の心への異なるアプローチであることが理解できたのです。

つまり、感情は明らかに創造性の源となっているのです。とはいえ、創造性の本当の源とは、概念も思考もレッテル貼りもない、純粋なエネルギーそのものです。概念とエネルギーではなく、純粋な気づき(アウエアネス)とエネルギーが合わさった一瞬なのです。その前後にはレッテル貼りの思考が介在するかもしれませんが、その瞬間には概念やレッテル貼りというものはありません。真の芸術家なら誰でも口にすることですが、画家が絵を描くとき、筆がただ走る瞬間があります。詩人も彫刻家も、そしてもちろん音楽家も同じです。これぞ、「ミューズ」と呼ばれる、インスピレーションの体現なのです。そしてそれは私たち全員の中で確かに息づいているものなのです。このミューズの訪れがあると、意識的に努力をしなくてもクリエイティブな力が動き出したという感覚が生まれます。

ときにこうした体験は、強い感情によって――猛烈な欲望や激怒などによって引き起こされることもあります。しかし、そのような領域に入る場合は気をつけるべきです。自分がそうしたエネルギーとはたしてうまくやっていけるかどうか確かめておかないといけません。こうした感情が二つの要素から成り立っていることを忘れないでください。概念的思考もエネルギーとともに踊っているのです。それらを別々のものとして見分けられなければ、概念的思考にとらわれることとなり、創造性は押しつぶされ、欲求不満に陥ってしまいます。逆にエネルギーと結びつくすべを学び、自分の考えでなにかを形作るのではなく、エネルギーをあるがままの形におけば、美しく、光り輝く体験となるのです。こうした瞬間に何が起こるかは、その人次第です。

話を元に戻すと、法話ビデオを見ていると、師はこのように説かれたのです。「そうだ、いかなる感情もよくないものだ。感情はすべて手放さなければならない。それらは変容させるべきである。」みなさんは、東洋と西洋では感情への解釈にはカルチャーギャップがあると思われるでしょうね。しかし、ブッダの基本的な教えからすると、そのようなギャップなどないのです。文化的にいえば、ものの見方も違えば意見も体験も違う。それが解釈というものです。ブッダの教えにもいろいろな解釈があります。

本書はニンマ派のゾクチェンの血脈の教えの流れをくむ『法身普賢への祈願文[※]（普賢王如来祈願文）』のような金剛乗の教えや、マハームドラーの多くの教えに基づいて、私なりの解釈を行ったものです。本書で示された感情にまつわる見解の多くはこれらに基づいています。つまり、仏教の金剛乗の見地からいうと、この輝く澄みわたったクリエイティブなエネルギーこそが感情なのです。

※原注　ゾクチェン・ポンロプ・リンポチェによるこの祈願文の注釈書は *Penetrating Wisdom: The Aspiration of Samantabhadra*, by Dzogchen Ponlop Rinpoche (Snow Lion Publications, 2006)

# 第十六章　バランスを取り戻す

名声は多くのことを変えるけど、電球を変えてくれるわけじゃない
——ギルダ・ラドナー（訳注　米国の女優・コメディアン）

日々の生活のなかで、率直に、正直に本来の自分であることができれば、自分への信頼を培う素晴らしいきっかけを得ることができます。いくらでも望んでいる場所に行き、やろうと思っていることを実現できるという自信を得られるのです。

人生を始めたら、成功を得るため、あるいはただ生き残るために、世間に自分をどう見せるか学ばなくてはなりません。私たちの社会生活や日常生活は、パブリックイメージに拠っているのです。しかし、あまりにも長いことそれをやっていると、ある時点でこのパブリックイメージの、どこが地の「私」で、どこが努力して作りあげたものなのかわからなくなってしまいます。これはなにも新しい現象でもなんでもありません。いってみれば、時代の要請と私たちの文化が作り上げた私たち人間の有り様なのです。問題は優越感が高ぶりすぎて、肥大化した自我とプライドの中に迷い込んでしまうことです。

そうはいってもことさら自分を卑下したり、責めたりすることもありません。大切なのは自らを貶めることなく、より現実的に自分がどういう存在なのか見ることです。自分のいまの状況をありがたく思い、感謝して、喜びを感じ取れるようにすることです。また他人に対しても同じように敬意と感謝の念を持って関わるようにしてください。ユーモアのセンスもそこに加味するとよいですね。肥大化し、膨張した自分というものは、私がメイシーズの感謝祭のパレード（訳注　米国のチェーンストア、メイシーズ主催で毎年行われる感謝祭のパレード）で見かけたバート・シンプソン（訳注　米国のテレビアニメ『ザ・シンプソンズ』に登場する十歳の少年）の風船のようなものです。その大きさたるや建物の五階ほどありました。アニメに出てくる本物のバート・シンプソン（本物と言えればの話ですが）は、小さな男の子だというのに。

私たちが他人を見るとき、これとまったく同じことをやっています。相手の資質を、それも主にネガティブな資質を膨らませて見てしまうのです。自分や自分の「優れた」資質をいとおしむ一方で、他人の劣った資質を目にすると少々うれしくなってしまう。これは、私たちの乱れた感情（煩悩）に火をそそぐ偏見に満ちた行為です。それによって煩悩は大勝利するのです。

ブッダの教えによれば、誰もが安心できるような形で人間関係のバランスを取るには、自分がそうと思っているより謙虚になることです。足を地につけるべきなのです。チベットには、「高く上がれば上がるほど、酷い落ち方をする」という諺があります。英語にも似たような格言があるはずです。

その意味するところはというと、頂上を極めることができると、私たちはとても幸せな気分になります。しかし、頂上というものは空気は薄く、踏みしめることのできる大地も少ない。セレブや政治家たちを見れば、名声を得て権力を持てば持つほど、その地位は危ういものとなることがわかるではないですか。栄光の座に這いのぼるまであれほど応援してくれ、人気を博していたはずなのに、一旦ハリウッドやウォール街、ワシントンDCの頂点を極めるや、今までと同じファンやサポーターがあなたを違った角度から見はじめるのです。あなたを批判し、引きずり降ろそうとさえするのです。もともと低い地位にいる人は、地面に引き倒されたりはしないのです。逆に頂上を極めた人には厳しい風が吹きつけます。

影響のバランスを取っていくことが心の訓練となります。これは膨張したエゴやプライドをなくすための訓練なのです。真に謙虚であるとは、自らの良い資質を否定して、人生で出会った他人に文字通り土下座することをいうのではありません。また取るに足らない人間になることでもありません。心の訓練というのはある意味でトリックなのです。いってみれば軍隊のブートキャンプのようなものです。鬼軍曹は新兵として入隊したあなたのプライドを巧みに引き裂いてしまいます。ちなみに僧院に入った新米僧も同じような目にあわされます。ここでは膨れあがったプライドや偽りの「我」へのとらわれを取り除き、謙虚な立場に身を置くことで他人をも新たな目で見直すのです。他人の長所を見つめ、自分よりも優れた存在だとみなすのです。それにとどまらず、さらに少し踏み込んで、実際に他人もまた大切な存在であると思えるようにするのです。これまでなら自分の子供を除くと大切に思えるのは自分だけだったわけですが、他の人々もまた大切な存在であると感じられるようにするのです。

最初のうちはいかがわしく感じられるかもしれませんが、仏教では謙虚な態度を取り、見栄をはらず、控えめであれば、すべてのよき資質は自ずと広がり、開花すると説かれています。その逆もまた真なりです。つまり自己愛やプライドが増せば、良い資質が全く育たなくなってしまうのです。

私たちはしばしば他人の長所を見過ごしがちなので、これはそれを補うのに役に立つプラクティスとなります。私たちは他人のやっていることを見逃しがちです。職場で隣の席にいる人は、週末になると子供たちに勉強を教えたり、隣近所の掃除をしているかもしれません。アカデミー賞にノミネートされることになる映画の原作を書きあげたばかりかもしれません。けれども、私たちの目に映じるのは彼らが占拠している物理的な空間だけです。私たちは毎日のように彼らの姿をとらえ、いつも同じことを考えて苛立つのです。「ハワードの奴ときたらどうやってあんなに良いオフィスを手に入れたのだろう?」

もともと「表に出たがらない」人々もいます。当人たちが意図して見過ごされることを選び、決して他人にその資質を見せることはないのです。仏教には、悟りの境地に達したヨーガ行者が無益な乞食だ、愚か者だと追い払われたあげく、たまたま抜きんでた智慧と慈悲の持ち主であることが判明するというエピソードがあまた記されています。彼らを馬鹿にしていた人々はいかほど驚き、当惑したことでしょう。

こうした謙虚さは初めのうち、自ずと現れるものではありません。私たちは、自分が正義だと思うことに慣れきっているのです。どのテレビ番組を見るべきか、低糖質と低脂肪ではどちらが正しいか、経済の何が問題なのか、誰が大統領になるべきで誰がなるべきではないか、自分ではわかっているつもりなのです。こうした事柄について、配偶者や隣人、友人のディナー・パーティーで隣に座る人よりも、多少は通じているつもりなのです。だからこそ、自分と意見を異にするような連中より自分の方が格が上だ、一番偉いのは自分なのだと思い込んでいるのです。それがあまりにも当然だと思い込んでいるので、自分でもそんなことをやっていると気づいていないほどです。

いってみれば私たちは自らの世界の――それが何であるかはともかく、その世界のCEOのようなものなのです。かつて自分が就職活動をしていたことも、オフィスの郵便仕分け係をしていたこともすでに忘れてしまったのです。あるいは、自分が主役のリアリティ番組に出演しているようなものかもしれません。すべてのドラマの中心にいるのは自分であり、他の人たちが場面から消えていく一方で、自分の居場所はいつでも確保されているのです。しかしこれからは主役を交代するのです。今まで気がつきもせず、注意も払ってこなかった通りすがりの人を自分より上の存在として見るのです。窓のそばの快適な自分の席を、チームメイトに、そしてライバルにも同様に引き渡すのです。

これには慣れが必要です。「慣れ」というのは、重ね重ね試みていくということです。それも真摯(しんし)にです。たとえ一瞬であれ、それを実践できるなら、それだけでも十分です。まるまる一週間、あるいは一ヶ月、他人を慈しもうという考えを抱き続けなければならないのかと心配する必要はありません。いずれにせよ、ずっと同じことを考え続けることなど私たちにできるわけないのですから。いつだってなにか別のことが心に浮かんでくるものです。歴史の講義中、数学の宿題を思い出すかもしれないし、雨の日、仕事をしていると、紺碧の空に砂浜、ヤシの木を夢想するかもしれません。必要なのはそれを続けていくことです。というのも心の底から他者を思いやることのできるその一瞬一瞬がとても貴いものだからです。その一瞬を積み重ねていってみてください。

バランスを取り戻す、いいかえれば「謙虚な態度をとる」という心の訓練をすると、感情が高ぶってきて、異議を唱えたくなることに気づくはずです。そうした感情に用心してください。貪り、執着、怒り、慢心、嫉妬、そしてもちろん無知はここぞとばかり、あなたの足を引っ張ろうとします。ここでやるべきことは、そのような感情がそばに忍び寄ってくるや否や、バシッと叩き潰すことです。感情の泡に吹き飛ばされる前に、泡そのものを潰してしまうのです。

マインドフルネスが欠けていたために、感情の最初のきらめきを見逃すこともあるでしょう。あるいはその一瞬気が緩んでいるかもしれません。四六時中頑張ることなどできないものです。些細なイライラの火種に何の害があるというのでしょう？　ところが、コーヒーを飲んでいるうちにそれは小さな炎となり、懸念し始めたころには山火事になっているのです。その地域の住民は全員、荷物をまとめて命からがら逃げ出すしかありません。

心を引っ掻き回す感情（煩悩）がいったん炸裂してしまうと、いつもの対処法も効かなくなります。消火器も庭のホースも役に立たず、消防ヘリもいつのまにか退却しています。ごく些細な苛立ちに火が付くと、あっというまに激昂に変わっていきますが、それでも最後には鎮まっていきます。疲れ果てて、くるっとまるまって無邪気に眠ってしまうかもしれません。それが再び目を覚まし、休息をとって回復し、新たな出陣の準備が整うまで、はたしてどれくらいの時間が残されているのでしょうか?

私たちの日常生活に強力な足がかりを築いてしまった負の感情パターンは、宗教的・世俗的な対処法を用いてもさほど効き目はないのです。心の奥底から湧き上がってくるこうした類の感情の混乱はマインドフルネスのプラクティスや伝統的なセラピーでもっても、完全に断ち切るのは難しいでしょう。だからどんなに些細であってもネガティブな心の性癖はなおざりにしてはいけないとアドバイスされるのです。些細な火種がいかにかわいらしく、無害そうに見えたとしても、それが生まれるや否や、マインドフルネスと慈悲の心でもってそれを叩きつぶしておくべきなのです。

しかるべき対処法を取ったら、あとはそれを手放してください。その瞬間は終わったのです。これ以上、対処法そのものにしがみつくのはやめてください。心かき乱す感情(煩悩)が鎮まったのに、対処法に拘泥して行き詰まることもあるので、このことを必ず覚えておくように。意味もないのに対処法を取り続けるのはやめましょう。一旦その感情が消滅したら、「おい、あいつはどこに行ったんだ?」などと聞く必要はないのです。手放して、ただリラックスすればいいのです。

膨れ上がったエゴやプライドは妨げになるので、自らを「劣った」地位に置く心の訓練をするようにと言われても、常々個人的葛藤を抱えて、劣等感や自尊心の低さに悩んでいる人には難しいことでしょう。なんとか健全な自分を取り戻そうとしているときに、こんな心の訓練を勧められたら、逆行もいいところだと感じるに違いありません。新旧の仏教の修行者たちが、こうした実体験を私に打ち明けてくれたことをありがたく思っています。ここでもまた、文化的な差異が顔を出すのです。仏教がひとつの文化から別の文化へと伝播するにあたり、人々の心理や習慣の違いを認識し、尊重すべきでしょう。

念のためいっておきますが、謙虚さを培う心の訓練のポイントは、自分が何者かという現実に触れることにあります。これはなにも自分を卑下するものではないのです。この修行の道では、誰かを傷つけたり、軽んじたりする意図はまったくありません。自分がどのようにしてこのペルソナを——ある名前で呼ばれ、ある属性でもって知られている自我を創造するに至ったのか、それがどのようにして最も真正な自分から離れ、膨張していったのかを明確に見るものなのです。それを見ることで、自分が誰であるか、何であるか、どこにいるのかという現実に立ち戻るプロセスを得られるのです。また、ここで謙虚であれと説くのは、他人に対して純粋な尊敬の念を持つべきであるという意味なのです。こうすれば、自分に対するのと同じく、他の存在に対しても感謝と敬意の念をもって、この世界を生きることができるのです。

いずれにせよ、どんな場合であれ、自らの体験を尊重し、自分に適したものを採用することです。いろいろな方法があるのですから、自分にとって役立たないものに固執することはありません。何をするにしろ、無理はしないでください。何かの手法を取り入れて、ひとつの感情がいたく刺激されることがわかったら、それは手放した方がよいでしょう。それについてもっと学んでから、いつでも再び挑戦できるはずです。あるいは、他人を大事に慈しむという体験を愉しむだけでもいいのです。そこに集中するだけでも、自分が下位の存在であるとみなしてバランスを取り戻すのと同じような効果が自ずと得られるはずです。いずれにせよ、あなたが生きている世界そのものが向上するのです。

### ◎ 自他が平等であることを念じる瞑想

この瞑想は、「バランスの回復」あるいは「自他の平等性」の訓練を手助けするものです。ここでは、グループ・エクササイズとして説明していますが、一人で行うこともできます。もしあなたがこのエクササイズを一人で取り組むなら、左手あるいは右手の人を見てくださいと指示されている部分は、代わりに誰か知っている人を思い浮かべて、そこに意識を向けてください。

始める前に（所要時間五分間）

リラックスした快適な状態を保って座ります。背筋はまっすぐ伸ばし、呼吸の動きに軽く意識を向けます。心身が徐々に落ち着くにまかせてください。何らかの思いが生じても、ただそれが消え失せていくにまかせ、今この瞬間に意識を戻してください。

プラクティス

自分自身が落ち着いて今この瞬間にいると感じたなら、右手の人に意識を向けて下さい。その人は自分とはかけ離れた存在であり、いろいろ知らないこともあるけれど、自分と同じような人生経験をしてきているはずです。人はみな誰しも毎朝、自分は幸せになりたい、自分や自分の家族を下支えしてくれる幸運な環境が欲しいと思いながら起きています。にもかかわらず、私たち全員が喪失を、痛みを、失望を味わうのです。私たちは誰しも期待と怖れの下僕なのです。あなたの右手にいる人はこれまでどのような苦しみに遇ってきたでしょうか？　喜びを曇らせるどのような喪失を味わってきたのでしょうか？　今後どんな運命が待ち受けているのでしょうか？

もし、その人が本当に幸せになることができるなら、すべての苦しみや恐怖から逃れることができるなら、なんと素晴らしいことだろうと考えてみてください。そして、その願いを自分の言葉で表現してみるのです。たとえば「今この瞬間に、この人はすべての苦しみから完全に解き放たれますように。その人生が苦しみや争いではなく、幸福だけで満たされますように」と。その願いが叶ったらどんなに自分は嬉しいだろうと数分間念じてみるのです。そこでさらにこう考えます。今この瞬間の自分にとって、自分の幸福よりもこの人の幸福のほうが大切なのだと。自分の幸福は、この人が幸せを得ることによってのみいや増すのだと。

次に意識を左手の人に向け、先ほどと同じようにその人の苦しみと幸せについて念じてみてください（グループで行う場合には、目の前の人、後ろの人と続けて行ってみてください）

次に意識を苦しみを苦しみの最中にある知り合いの誰か（その人が世界のどこにいようとも）に向け、彼らが悲しみと苦しみから解き放たれればなんと素晴らしいことだろうと念じてみてください。彼らがすべての苦しみから解放されますように、今この瞬間に苦しみが消滅しますように、代わりに幸福と安らぎを得られますようにと彼らのために願うのです。

知り合いであろうとなかろうと、誰であれ慈しみの対象として瞑想することができます。なんらかの形で苦しんでいる人のことを考えてみてください。心身の病、慢性的な痛み、貧困、暴力、どんな形であれ不幸に痛めつけられている人々です。あるいは死が迫りつつある人、すでに死んだ人、あとに遺された人のことを念じてみてください。さらに対象を自分の知っている人からテレビその他の新しいメディアを通じて知った人々に向けてみてください。これが自他を平等にみるプラクティスとなります。

締めくくり（五分）

最後に、数分座るだけのシンプルな瞑想します。この瞑想グループに参加した人々が短時間であれ、周囲の人々のために幸福を願うことができたことを称えてみてください。あるいは、自分自身が毎日少しずつ、他者への思いやりの心を広げていけますようにと念じてみてもよいでしょう。

# 第十七章　厄介な人々と関わっていくには

気に入らないことがあれば、それを変えなさい
変えることができなければ、自分の態度を変えなさい
——マヤ・アンジェロウ

自分がネガティブな感情にどのくらい働きかけることができたかテストするつもりなら、厄介な人と関わってみるのが一番です。はたして自分はいつもの限界を超えて、思いやりの心を発揮できるだろうか？　怖れを打ち破れるだろうか？　このような問いかけに答えをもたらしてくれる人と出会えるまでは、あなたは「行け行け、どんと行っちまえ」の心づもりでいるかもしれません。そんな時こそ、前述の、緊急時の訓練をすべて活用してみてください。手を差し伸べ、絆を作り、何が起きるか見てみるのです。

世にいる気持ちのよい人々に、——いつも愛想よく、品よく、扱いやすい人々に手を差し伸べるだけならどんなに楽なことでしょう。でもこの種の人々には救いの手を差し伸べようとする人々が列をなしているように見えます。となると、わざわざその群れに加わる必要はないのです。

私たちが手を差し伸べるべきは、誰一人連絡相手のいない人々、誰もあえてそばに近づこうとしない耐えがたい人々、あまたの問題を引き起こす人々です。そうした相手に対して、少なくとも敵意ではなく、慈悲の心は起こせるはずです。もう一歩先に進もう、誰かに手を差し伸べよう、助けてあげようと真摯に思うなら、切実にそれを欲しているのはこういった厄介な人々なのです。

楽しく、付き合いやすく、魅力ある人々だけを相手にするなら、何をしようと、どんな行動をとろうと、真の慈悲の心の実践にはならない恐れがあります。それはあなたのやっていることにある種の利己的な側面があるからです。慈悲の心の実践をするというコミットメント自体が何か楽しい時間をすごすことに結びついていませんか？　実のところ、私たちが真の意味で慈悲の心を発揮できるのは、あまりに攻撃的、あまりにも否定的、あまりにも感情的であるがゆえに、トラブルを引き起こさずにはいられない、人を遠ざけずにはいられない、そんな苦しみを背負った人々と関わるときなのです。そのような人々にアプローチし、何らかのサポートができるならば、そこに本物の慈愛の心があると言えるでしょう。これぞブッダの説かれた教えのひとつである慈悲の心、勇猛にして気高い心です。これはなかなか挑戦的な課題ですが、試しにやってみてどうなるか見てみてください。ありがたいことに、この教えはそうした相手とずっと一緒にいるべきだなどとは説いていません。ポイントは、すべての人々にくまなく思いやりと慈愛の心を育むことです。その中には手に負えないような人々も含まれているのです。そうはいっても四六時中、彼らのそばに付き添っている必要があるとは説かれていないのです。

最初のうち、心かき乱す感情（煩悩）をマインドフルネスだけ用いて変容させようとしても、ほとんどの人にとっては無理な話です。たとえば自分が怒りの感情や思考で一杯になっていることにはたと気づいて、自らにこう言い聞かせたとしましょう。「ポジティブであることが自分の信条なんだから、ここはなんとか乗り越えないと！」でもそれって無理じゃないですか？　もうひとつのアプローチは、まずは「行動によって変容させる」です。「行動」とは「行う」という意味です。ここでは、自分の身体や言葉を使って何をするかということです。これは自分の感情と意図のあらわれでもあるのです。私たちはその両方を観察し、関わっていくのです。行動に関わっていくのは、即効性があり、具体的でもあるので、より御しやすいアプローチとなります。自分ははたしてサムを突きとばしたのか、それともぎゅっと抱きしめたのか、そのどちらなのだろうなどと推測する必要などないのです。あなた自身よくわかっているわけですから。

自分の行動を意識することは、扱いにくい人々（それは自分にとってだけかもしれません、そういうこともよくありますよね）とどう仲良くし、サポートできるかを知るための鍵でもあります。例えば自分の友達の知り合いに会ったとします。でも心を開いて相手に興味を持つかわりに、不信感や警戒心を抱くかもしれません。どんな性癖であれ、事態が切迫すると、必ずそれが露骨に出てくるものです。ボディランゲージや話し方に意識して関わっていくことで、自分の考えや感情をとらえることができます。これは、歩くことや話すことのメンタル版となります。

## 外側から内側に働きかける

例えば、なにか批判されたときに反射的にむかっ腹を立ててしまう根深い性癖があったとしましょう。そんな態度が露骨に出てしまうなら、ほんの少しマインドフルネスを行ってみればいいのです。まず、批判の言葉を口にした相手ではなく、自分に意識を向けることから始めます。他人の言動ではなく、自分自身の言動に目を向けるのです。その時点では、感情そのものについて考える必要はありません。ただ今この瞬間の自分の行動についてだけ明確にできればいいのです。

誰かと衝突しそうだとか、またしても人の心を傷つけるような会話をしでかしそうだと感じたなら、一瞬立ち止まって深呼吸してみてください。そして自分の行動に目を向けるのです。あなたは自分の身体で何をしていますか？　それはどこにありますか？　どのような状態にありますか？　相手にのしかかっていますか、それとも身を反らしていますか？　あなたの手は何をしていますか？　目はどこを見ていますか？　身体的なジェスチャーは、感情や意図を伝える強力なコミュニケーション手段です。だから、意識を向けてみてください。敵意や脅しを表すような行動はひかえるように自分に言い聞かせてください。指を突き付けたり、拳を握りしめたりするのはやめましょう。リラックスしたまなざしを向けて、背筋を伸ばして座るか、あるいは立つ。これらは、気づいてさえいれば、いつでもあなた自身でコントロールできることです。ついでに笑みを浮かべてもいいでしょう。

同じように、自分の話し方も観察してみてください。きつい言葉を使っていないか？　どれほど大きな声で話しているか？　話すスピードは速いか遅いか？　また、実際に発している言葉だけでなく、くすくす笑いや唸り声などの音が表すシグナルにも気を配ってみてください。自分や話し相手に余計な刺激を与えるような言語表現はひかえるように自分に言い聞かせてください。自らの行動にマインドフルネスの感覚を取り入れることができれば、意識して声を低め、扇動的な言葉を避けることができるようになります。

この時点で、私たちは外側から内側へと働きかけているのです。外側のポジティブな変化のひとつひとつが、心の中の乱れを鎮めるのに役立ちます。このことを覚えておいてください。ひどく激昂したり、嫉妬したりすると、手は震えだし、体はゆがみ、声は囁き(ささや)声も同然になったり、逆に金切り声になったりします。これは自分だけでなく、周りの人々にもはっきりと気づかれています。

## 厄介な人と関わる前に

厄介な人と関わることになるとあらかじめわかっている場合には、どっぷりはまってしまう前に、そのようなネガティブな存在の人々の悲惨さを思い浮かべ、それがいかに辛いことか想像してみて備えるのがいいでしょう。ある種の共感と寛容さを感じることができ始めたなら、次のステップに進むことができます。もう少し相手に近づいてみるのです。一緒に時を過ごして、どんなことが起こるのか見てください。ポジティブな交流が持てる可能性があるかどうかを見きわめるのです。一時、事態が好転しそうになったのに、一転して悪くなりそうなら、身をひくのが一番です。忍耐力と共感力が低下してきたと自分でもわかったなら、また努力してもなんの成果もあげられないと思ったなら、しばらく身を引いてください。害をまきちらすような争いごとにからめとられるよりましです。いつだって後で再チャレンジできるのですから。

このような努力をすることによってもたらされる苦痛は、実のところ想像するほど酷いものではありません。いってみれば、歯医者のもとに行くようなものです。歯科医の椅子に座り、眼にライトをあてられながら、口の隅々まで尖ったものでつつかれるのは愉快なことではありませんが、予期していたほど酷いものではない。少なくとも私にとってはそうです。実際に現場にいるより、前の週によからぬ想像しているほうが辛いくらいです。私などいつもキャンセルの衝動に駆られています。でも、そこに足を運ぶことができれば、さほど悪いわけではない。そもそも歯医者さんはいい人が多いですしね。

厄介な人というと、普通は他人の事だと思います。でも私たちだって時にその厄介な人の範疇（はんちゅう）にはまっているのかもしれないのです。ですから、「その類の人々」とやっていくためのお勧め事項は、自分にとっても役立つのです。誰しも輝かしい瞬間もあれば、他人から「厄介な奴」（あるいはもっと酷い呼び方で）呼ばれる瞬間があるのです。ありがたいことに、誰がそうしたことを何回口にしたか、こちらはわからずにすむわけですが。

## 壮絶な苦しみ

もう一種類の扱いにくい人たちとは「壮絶な苦しみ」に苛まれている人々です。こうした人々はいろいろな理由で私たちにとって扱いにくい人たちです。彼らの苦しみがあまりにも大きいため、それと向きなおるのが困難なのです。悲劇的なことにしばしば彼ら自身には何の咎もないというのに。心身をすり減らす病気、虐待、搾取、暴力、戦争、貧困、自然災害による損失や傷害など、世界を見渡せば枚挙にいとまがないほどです。

そのような壮絶な苦しみを抱えた人に救いの手を差し伸べることができれば、とてつもなく大きな恩恵になることでしょう。もっと援助できるというなら、本当に素晴らしいことです。直接援助できなくても、現地で食料や薬を提供し、その他のサポート作業をしている人々を支援をすることで、間接的な援助ができるかもしれません。国境なき医師団を始めとする組織は、大変な目に遭っている人々、助けを切実に求めている人々の所へ、資源の乏しい所へ赴きます。いってみれば、彼らは現在の聖人であり、菩薩なのです。私たちは現地に直接足を運ぶことができなくても、こうした人々に金銭的に寄付することはできますし、逼迫した状況下にある地域での彼らの活動に、ソーシャルメディアを通して世間の注目を向けさせることも、人々にアクションを起こすよう促すこともできます。直接的であれ、間接的であれ、援助の手を差し伸べる方法はたくさんあるのです。だから、自分の生活に即した機会を見つければいいのです。慈悲に基づく行為をするときには、批判などいりません。そうしたことはすべて捨てさって、ただ助ければいいのです。

## 酷い、あまりにも酷すぎる

自分の感情と向き合うのだってそれなりに大変なことですが、「厄介な人々」と関わるとなるとさらに大きな挑戦となることでしょう。想像を絶するような行為をなした人たちに対して私たちはどう対応すればよいのでしょうか。殺人者、幼児虐待者、テロリストのような、自分でもわかっていながら、他人をひどく傷つけた人々をどうとらえればよいのでしょうか。こんな奴らは罰せられればよい、他人をさんざん痛い目に遭わせた分、自分でもその痛みを感じ、理解すればよいと私たちは思うわけです。社会は安全で、正義が通用する場所であってほしい。

このような状況と、これまで述べてきた慈悲の心はどう関わってくるのでしょうか？　いくらなんでもこれは話が別、でしょうか？　自分が慈しみ、大切にしている人たちに示す態度と、まぎれもない残虐行為の責めを負うべき人への態度は同じであるべきでしょうか？　でもどうやったらそんなことができるのか？　あるいはどうするのが正しいのでしょうか？

これはさまざまな局面から見ることができます。ごく普通の、相対的なレベルでは、そうした人々のことを全く無知な存在とみなすことができます。何らかの理由で、彼らの自然（じねん）のアウェアネスはゆがんでしまったのです。その心は無知の闇に冒されている。悲しいかな、彼らは生まれつき備えていたはずの智慧や慈悲から切り離されてしまっているのです。こうした人々は、しばしば自分がこの世に引き起こした苦痛や苦しみの大きさに気づきません。法的な文脈での善悪は理解していても、自分が計画を立て、実行したことによって引き起こされた他人の苦しみなど見えない、聞こえない。人間的に、もしくは精神的にも障害を持っているのと同じ事なのです。

そのような人間であることなど私たちには想像もできないでしょう。彼らは罪深いというだけでなく、全世界から糾弾され、侮蔑されるはめになるのです。とすると彼らにほんの少しであれ慈悲の心を抱いてもよいのではありませんか？　さらに一歩進んで、彼ら自身が決して感じることができないものを――その悲劇的な状態に対して偏りのない慈悲心を起こすこともできるのです。これは、ただ単に「大丈夫、私はあなたを愛しています、許しています」と念じ、それを言葉にするだけのお決まりの反応ではありません。そのような闇と接するのは、本当に難しく、恐ろしいことでさえあります。でも、そんな人であれ、少しでも希望があるとすれば、それはどこからかの愛があることなのです。彼らのために祈ることのできる人は祈ってあげるといいでしょう。

究極的な観点にたてば、生きとし生けるものの心の本質はもともと清浄であり、覚醒しているはずであることを思いだす必要があります。極悪の、酷い惑いの中にある人間であれ、なにかしらポジティブな資質を、善と覚醒のきらめきを持っているのです。闇が広がっているため、その輝きを見ることはできないかもしれませんが、それでも公正に、そのことは認めるべきでしょう。「わかった、なんらかのチャンスはあるね」と。

正義を求める怒声が聞こえる時、そこでお定まりの刑罰を課しさえすれば、それが達成できるかといわれれば怪しいものです。私たちが真に望むのは、犯罪そのものが起きず、人生がもとどおりになることです。でもそんなことは無理ですし、痛みも取り除くことはできません。ひょっとして、私たちは、伝統的刑罰の概念を乗り越える必要があるのかもしれません。人を鉄格子の向こうに閉じ込めて、意味あることは一切させないという刑罰を超えるような何かを。私たちは善の力としての「正義」を奉じつつ、「罰」に拘泥しすぎているのではないでしょうか？　その双方の必要性を理解し、重んじつつも、ちょっと異なる組み合わせにしてみると、よりバランスのとれた制度になるかもしれません。こうした人々に課すべき真の刑罰とは、慈愛と思いやりの資質を育めるような環境に置き、それを実践するすべを教えることではないでしょうか。もともと放っておけば自ずと争いや混乱を楽しめる、より攻撃的でネガティブな環境に引きよせられる人々なのですから。

真の意味での「矯正施設」とは、加害者が健全な環境下で時間をかけてポジティブな活動に励み、教育を受けられる場所であるべきでしょう。これによって加害者の行動には変容がもたらされるのです。それによって、冷淡で非情だった加害者の目が醒め、自分が引き起こした苦しみや加害を認識し、真摯な後悔の情を抱けるようになったのなら、それこそが真の正義であり、善への回帰であり、希望となるのではないでしょうか？

## 忍耐

忍耐にもさまざまな様態のものがありますが、それについて誤った考えを抱いている人も多いのです。忍耐は美徳とされてはいますが、良い人になるための少々退屈な手段でもあります。前にも述べたように、忍耐の実践とはただ単に受け身であること、けなげにも（あるいは高潔にも）じっと耐え忍ぶことを意味しているのではありません。感情と向き合う時、どのような感情が湧いて出ようと、なんら反応することなく、ただ感じるままに留まるのが忍耐の本質なのです。これを何度も繰り返してみてください。そのたびに感情が舞い戻ってきて、なんらかのリアクションを取りたいという気分に駆り立てられるはずです。手に負えない人々、トラブルをもたらす人々と関わるような立場に身を置く時、忍耐は私たちに多くのことを教えてくれますし、忍耐することによって、体験そのものが本当に変容していくのです。

こうした状況下に置かれたなら、まず実践すべき最初の忍耐は、自分が関わろうとしている相手が投げつけてきた悪意や加害を「等閑視する」ことです。例えば上司からあるプロジェクトを期限内に終わらせないといけないのでジョンと共同作業するように頼まれたとします。ジョンと組んで仕事をしたがる奴などいるわけもない。みなどういうわけか手があいてなかったのだ。ジョンは頭は切れるし、理路整然としており、才気煥発だ。だが、なんでも自分で仕切らないと気がすまないし、反対意見でも述べようものなら、すぐ疑ってかかり、妬まれる。そこであなたはなんとか楽観的になろうと決心します。主導権はジョンに握らせて、厄介な誤解に巻き込まれないようにしよう、ははは。あなたの理性的な考え方はジョンの感情には通用しないので、そうは上手くはいきません。今こそあなたは、この経験を乗り切るため、また避けるのが難しそうなお定まりの苦しみと痛みの連鎖を断ち切るために、「等閑視する」忍耐を実践する必要があるのです。これによってあなたは自分を、そしてジョンをも救うことができるのです。ですから、予想通り、ジョンがあなたの仕事をあげつらったり、貶し始めたら、賢く忍耐をもって応じましょう。静かに留まり、距離を置くのです。ジョンの非難が理にかなったものであれ、すべてが彼の妄想であれ、いずれにせよ、彼の意図は個人的にあなたを傷つけ、職業人としてのあなたを貶めることにあると、あなたもわかっているはずです。

となると忍耐するのは楽なことではありません。しかし、自分に咎のあるなしはともかく、すぐに相手に反応しないでください。すぐに応戦して相手を非難したり、相手と同じく、何がなんでも敵対者を叩き潰してやろうなどと思うことはないのです。相手が難癖をつけてきたからといって、それを否定したり、訂正したりする必要もないのです。相手から糾弾された時、友人なり、敵なり、あるいは見知らぬ他人の一言が心にぐさりと来た時、まずすべきは忍耐の実践です。ちょっとの間、じっとしていてください。ちょっとの間でいいのです。その一瞬があれば、結果を変えることができるのです。何か別のことを起こすための隙間が生み出されるのです。

日々の生活を振り返ってみればわかるように、非難されたり、糾弾されたりすると——とくに理屈にあわない難癖をつけられたなら、我慢できないのが普通です。相手が文句を言い終わらないうちに、何が何でも自分を擁護しようとするでしょう。最近、私はシアトルで運転していた時におもしろい体験をしました。信号待ちをしていたのですが、その日は寒い日だったので窓は閉めていました。隣に止まっていた車には一組のカップルが乗っていました。音は聞こえてなかったけれど、二人はとても生き生きしていて、まるで大音量の音楽にあわせて歌い、楽しんでいるかのようでした。次の信号でも二人はまだ歌っていました。そこで窓を開けてみると、音楽どころか二人が罵り合っている声が聞こえてきたのです。二人は時同じくして叫んでいました。これには本当に驚かされました。私は思ったものです。「これに何の意味があるのだろう？ 誰がこれを聞くというのだ。誰も耳を貸しはしないだろう。」車の中にいるのはこの二人だけで、どちらも相手の言っていることにさほど興味はなさそうでした。そして信号が変わり、彼らと私はそれぞれの道を進んでいったのです。

即座に反応し、相手の言葉を遮り、打消していると、あるいは早口で喋りたおしていると、誰もそれを聴きとれなくなってしまうのです。そこには隙間が、スペースというものがない。人と人が語り合うのは、通常コミュニケーションのためです。自分の考えを明確にするため、感じたことを伝えるため、総じて互いに理解しあうために語り、聞くのです。話をさらに込み入らせるために、あるいは傷つけられた感情を楽しむために語り合うのではありません。私たちは、ポジティブな成果を望んでいるのです。ところが実際には、話すことで事態が悪化することもあるのです。ですから、その場ですぐ口を開かないほうがよい。重要な、慎重であるべき場面ではなおさらです。あなたの弁護士も同じようにアドバイスをくれると思いますよ！ 時間をかけ、数回深呼吸して、リラックスするのです。

## 防御態勢を減らす

誰かから批判されたり、欠点を指摘されたりすると（それが当を得ているかは別として）、なにかしら反論したくなります。「それはそうだけど、でも……」とか、「あんたにはわかっちゃいないんだ！」自分が間違っていると気づいても、自分を守ろうとするのです。

忍耐力を養うとともに、防御態勢も減らす必要があるのです。自分を助けてくれる資質を一つ増やすたびに、まったく助けにならない資質を一つ減らすのです。防御態勢にしがみ付いている限り、他人と調子を合わせるのも、違いを認めたうえで仲良くやっていくのも難しいでしょう。

防御態勢を固めた心は惑いの中に落ち込んでしまいます。というのも防御態勢は、私たちの「清浄なビジョン」を妨げるからです。いったん防御モードにはいると、私たちの精神は明晰さを、正確さを失い、他人のポジティブな資質も見えづらくなります。同時に、他者に役に立とうという心がまえも退けられます。そんなことになったら望む成果は得られないでしょう。

そこで、私たちはマインドフルネスのトレーニングを続けるのです。厄介な人も含め、他人のことを思いやり、慈愛の心を持って行動する。そして厳しい言葉を投げつけられたり、責め立てられたりしても、我慢するのです。すると次第に防御態勢がゆるんできて、最後には溶けてなくなります。私たち自身もゆるみ、心が明るくなるのです。

このプラクティスは、些細な事から始めるのがベストです。しばらくはその程度でいいのです。初めから酷い厄介事に、離婚調停や国税局との争いなどに飛びつくのはやめましょう。そういったことはあなたの弁護士にまかせておけばいいのです！　些細な事とは、たとえば、気はいいけど、そそっかしいルームメイトが、昨晩あなたがキッチンのテーブルに置き忘れていた書物『透明人間』を自分のものだと言い張るようなことです。彼女はあなたに貸したはずだと言う。一方あなたは彼女が自分の手持ちの本を誰かに貸したことを知っている。とはいえ自分はもう読んでるし、そもそも古本で手に入れたものだから……まあ彼女のものということにしてあげてもいいのでは？　そこであなたは何も言わずにおくのです。あるいは、誰かがぶつかってきて、振り向きざまに、「おい、ちゃんと前をみやがれ、この×××野郎！」と罵られたとする。気にすることはありません、きっとついてない一日をおくった人だったんでしょう。

繰り返しますが、これは心の訓練です。そこから学びを得て、それによって得た智慧で前に進むのです。それを続けていくうちに、どんな人間関係に巻き込まれていようと、心を安らかにしていられるようになります。

# 激しい感情場面に耐えるためのエクササイズ

**◎もっと忍耐を、防御態勢は下げて**

二人で互いに語り、傾聴するエクササイズ

このエクササイズは、マインドフルネスと共感力を保ちつつ、激しい感情場面に耐える能力を高めていくことを目的としています。第九章の「話すことと聞くこと」のエクササイズと同じように、パートナーと共に行い、途中で役割を交代します。最初に、どちらの側も、相手をサポートし、相手の役に立ってあげようという心づもりがあることを確かめておくとよいでしょう。また、どちらかが不快に感じたら、いつでもこのエクササイズを中断したり、中止してもかまいません。

始めに、相手を前にして静かに座ります（二分間）。

どちらの側も、あるときは話し手に、あるときには聞き手となる機会を二分ずつ設けます。

それぞれの後に五分間、自分の経験を分かち合ってください。

話し手側

話し手は、相手を責めるような、ネガティブで批判的な文句を相手に投げかけます。これは実際に相手の性格や行動を非難し、修正を求めるためのものではなく、批判されることで、特に不当な形で批判されることでどんな気持ちを味わうのか、注意深く体験する機会を与えるためのものです。これは単刀直入に行います。とはいえ罵倒したり、過度な批判を行うことはさけましょう。「あなたのこういうところがいけないんだ。いつもこんなことをしているじゃないか」と言うのはかまいません。話し手にとっても、面と向かって相手に手厳しい思いやりのない言葉を投げつけることで、自分がどんな気分を味わうのか、注意深く体験できる機会となります。

・一分間、相手に対して批判的で断定的で、責めるような言葉を次々と投げかけてくださ い。相手とは視覚的につながっているように。
・話しているとき、どのような感情が湧いてきているか気づいてください。こうした言葉を発すると、どんな気分になりますか？　それと同時に、相手を見てください。自分の発言が相手にどのような影響を与えているか、感じ取れますか？
・次の一分間は、席を立たず、黙ってください。その後で身体的にどのように感じているか、どんな感情を味わったか認識してください。

聞き手側

・自分の至らぬところや欠点を並べ立てられている間、ただ単に自分の体のなかに留まり、湧き上がってくる感情を認識してください。話し手を視覚的に意識することで、今、この瞬間に留まることができるかもしれません。

・相手に話しかけられている間、自分の心を見つめてください。ただし、相手に反応したり、言い返したりしないでください。相手の糾弾してくることに対して否定したり、訂正しようとしたりしないでください。

・次の沈黙の時間には、自分がどんな感情を味わったのか、どんな感情が湧いてきたのかを認識してください。

話し手側と聞き手側の双方

エクササイズ終了後、五分かけて、それぞれの体験を語り合ってください。体験を分かち合い、質問を投げかけあい、ポジティブな気分で終われるようにしましょう。

最後に一分か二分、一緒に静かに座ってください。

バリエーション

以下のような変更をして、エクササイズを繰り返してみてください。

・このバリエーションでは、話し手が否定的なコメントをすると、聞き手が話し手についてポジティブな意見を述べて応じます。続いて、マインドフルネスな沈黙の時間を取ります。

・話し手は、聞き手の良い素質について、ポジティブで建設的な言葉だけを述べます。

・一緒にやってくれる相手がいなければ、鏡の前で一人でこのエクササイズを行ってもいいでしょう。その場合、話し手役と聞き手役を同時につとめ、言葉が発せられ、受け取られるときに、それによって引き起こされたすべての感情に気づかなくてはいけません。パートナーと体験を共有する代わりに、終わった後五分か十分、日記を書いてもいいでしょう。

# 第十八章　平和のビジョン

人の魂のうちにある真の平和をまず知ることができなければ、
国と国のあいだに平和は訪れない
——ブラック・エルク

現在、西洋の仏教徒のほとんどは政治的にも社会的にもリベラルであるように思えます。と同時に、この世界には保守的・伝統的な考え方をする仏教徒も大勢いることは確かです。とはいえほとんどの仏教徒は進歩的な考えを持っており、これもブッダのおかげと言えましょう。数千年前、ブッダはあまたの文化的価値観を打ち捨てて、その時代には想像すらできなかった平等な権利の実現を形作ったのです。非暴力、平等、寛容さを重んじたブッダの伝統は、今日なお仏教の師たちによって受け継がれています。

現代の多くの人々と同じく、仏教徒もまた戦争や侵略のない平和な世界のビジョンを共有しています。とはいえ、いくら私たちが通りで「核兵器反対」といった類のバナーをうち振ったり、講演やブログ、X（旧ツイッター）へのポストなどにそうした内容をしのびこませても、実のところ自分自身の武装解除が完全にはできてはいないのです。自らの攻撃性を捨て去っていないのです。

私たちはしばしば言行不一致になっているのです。自分という小宇宙のなかで、お互いにプライベートな戦争を繰り広げているのです。怒りの矛先を向けられて、どのくらいの頻度で、腹を立て、苛立ち、防御態勢を取っていますか？　何かを口実に配偶者から非難の矛先を向けられると、こちらもなんとか相手の咎を探そうとしてませんか。こうしたことはどれも戦いだとか攻撃だとか、根本的に平和をかき乱すものとみなされることなく、ただ続いていくのです。

いかに平和主義で協調と非暴力の原則を奉じていようと、いざ個と個が関わるとなると、そうしたものすべてはうち捨てられてしまうのです。こんなことをしていると、崇高な見解と実際に行っていることがバラバラになってしまいます。高い見識があっても、常々それにふさわしい行動が取れているわけではないのです。

政党の意見を聞くと、リベラル派は保守派を非難し、保守派はリベラル派の意見は間違っている、風見鶏のようにころころと意見が変わると非難します。自分が道徳的に高潔だと主張するのは容易いことですが、どうふるまうかこそが、自らの心のうちを明らかにするのです。敵意に満ちた言葉や糾弾のレトリックがいかに広く賞賛されようとも、そのレトリックの背後に秘められた意図が明らかに害を与えるものなら、そこには拠るべき道徳的基盤はないのです。人を高揚させ、役に立ってあげ、誰かを守ってあげようというビジョンがなにひとつないのです。

どのような形であれ、平和について考えることが、自分たちにとって平和とは何を意味するのか考えていくことが大切です。非の打ちどころのない外交政策のビジョンを、家庭内の人間関係の中に構築することができるでしょうか？　世界平和という最も理想的なビジョンを、自分たちの生活の中に持ち込むことができるでしょうか？

私たちの多くは世界を支配しているわけではない。ではどうすれば世界を変えていくことができるのでしょうか。私たち一人ひとりが、心の安らぎを、忍耐をプラクティスし、家庭の中で慈しみの心と思いやりの心を実践していくことで、世界を変えていくのです。みなみなの心があるところで。

ダウンタウンの〈ヨーガ行者〉

高層ビルのジャングルの
孤独のなかで
ネオンの光が見える
あたかも、水面に映じた月のよう

車の流れは
美しい川の流れのよう
テレビから響いてくる音は
洞窟内の雑念の響きのよう

心は何世紀も前と同じまま
いつだって選べるのだ
またとないこの大きな機会を取り逃がすのか
それとも、この瞬間の美を愉しむのか

だから私はここにいることを選んだ——今この瞬間を

すべての体験の中に
固定化することも否定することもなく
これもひとりの彷徨える者の思いが語った一つの物語にすぎない

——ゾクチェン・ポンロプ・リンポチェ
二〇〇八年一〇月七日

「オープン・ドリーム」より

《著者略歴》

## ゾクチェン・ポンロプ・リンポチェ *Dzogchen Ponlop Rinpoche*

1965年、インドのシッキムのルムテク僧院に生まれる。幼くしてカルマ・カギュ派の長であるカルマパ十六世とダライ・ラマ法王からニンマ派のゾクチェン・ポンロプ・リンポチェの転生者（七世）として認定され、ニンマ派、カギュ派の多くの高僧たちからマハームドラーやゾクチェンの教えの血脈を引き継いだ。ルムテクのシェダ（仏教高等教育機関）で仏教哲学コースをおさめたのち、90年代に米国に移住、西洋文化の中に仏教の教えの流れをいかにして打ち立てるか、西洋のテクノロジーを用いて、いかにしてチベットの仏教文化と芸術を保持していくかを思索し始める。

1994年にはチベット語フォントやソフトウェアの開発、チベット語辞書、出版、デジタル・ライブラリーなどの数多くのプロジェクトの母体となるNitartha International を創設、また1998年には国際的な仏教コミュニティ、ナーランダーボーディを立ち上げ、精神的指導者として、カギュ派とニンマ派双方の教えに根ざした教育と瞑想の場を提供するようになった。

ゾクチェン・ポンロプ・リンポチェ自身は、音楽や芸術、都市文化の愛好家であり、当人も詩人にしてカメラマン、すぐれた書家であるとともに、ビジュアルアーティストでもある。著作に、*Rebel Buddha: A Guide to a Revolution of Mind, Mind Beyond Death* その他多数。

《訳者略歴》

## 三浦順子 *Junko Miura*

兵庫県生まれ、東京学芸大学卒。チベット関連の翻訳家・通訳に携わる。訳書に『ダライ・ラマ　愛と非暴力』『ダライ・ラマ　宗教を語る』、ゲンドゥン・チュンペル『チベット　愛の書』（以上春秋社）その他多数。

**感情のレスキュープラン――心のパワーに目覚める**

2024年 4 月 1 日　第 1 刷発行

**著者**――――ゾクチェン・ポンロプ・リンポチェ
**訳者**――――三浦順子
**発行者**―――小林公二
**発行所**―――株式会社 春秋社
〒101-0021 東京都千代田区外神田 2-18-6
電話 03-3255-9611
振替 00180-6-24861
https://www.shunjusha.co.jp/
**印刷**――――株式会社 太平印刷社
**製本**――――ナショナル製本 協同組合
**装丁**――――河村　誠


ISBN978-4-393-36566-3
定価はカバー等に表示してあります